鐵與血之歌 1871–1918

俾斯麥和威廉二世共舞的德意志帝國興亡曲

卡提雅・霍伊爾（Katja Hoyer）——著　　馮奕達——譯

BLOOD AND IRON

THE RISE AND FALL OF THE GERMAN EMPIRE

目次

瑞典
波羅的海
柯尼斯堡
但澤
梅克倫堡
士
魯
柏林
波森
維斯瓦河
華沙
馬格德堡
奧德河
波蘭
易北河
布雷斯勞
德勒斯登
西利西亞
薩克森
沙多瓦
波希米亞
摩拉維亞
利亞
多瑙河
奧地利帝國
奧地利
維也納
佩斯
布達
提索河
慕尼黑
提洛爾
德拉瓦河
匈牙利
的里雅斯特
威尼斯
薩瓦河
鄂圖曼帝國

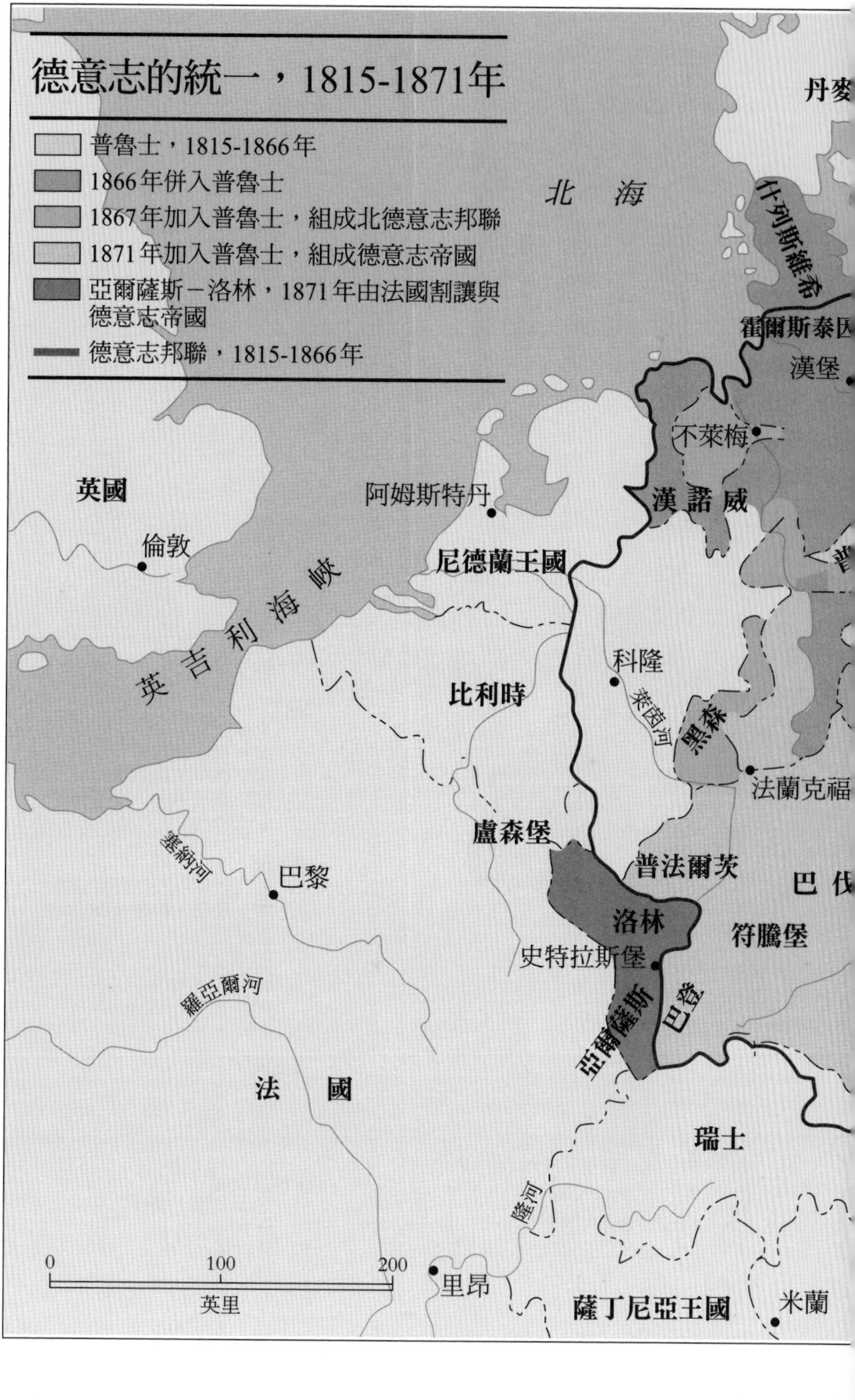
德意志的統一，1815-1871年
普魯士，1815-1866年
1866年併入普魯士
1867年加入普魯士，組成北德意志邦聯
1871年加入普魯士，組成德意志帝國
亞爾薩斯－洛林，1871年由法國割讓與德意志帝國
德意志邦聯，1815-1866年
北 海
丹麥
什列斯維希
霍爾斯泰
漢堡
不萊梅
漢 諾 威
英國
阿姆斯特丹
倫敦
尼德蘭王國
英 吉 利 海 峽
科隆
萊茵河
比利時
黑森
法蘭克福
盧森堡
普法爾茨
塞納河
巴黎
洛林
符騰堡
史特拉斯堡
巴登
亞爾薩斯
羅亞爾河
法 國
瑞士
隆河
里昂
薩丁尼亞王國
米蘭
0
100
200
英里

波羅的海
東普魯士
波美拉尼亞
西普魯士
波茲南
西利西亞
王國
普魯士
巴伐利亞
薩克森
符騰堡
大公國
巴登
黑森
梅克倫堡－施威林
梅克倫堡－史特立茲
薩克森－威瑪*
歐登堡
公國
不倫瑞克
薩克森－邁寧根*
薩克森－阿爾滕堡*
薩克森－科堡－哥達*
安哈特
君主國
施瓦茨堡－松德爾斯豪森*
施瓦茨堡－魯德爾許達特*
瓦爾德克
羅伊斯（長系）*
羅伊斯（幼系）*
紹姆堡－利珀
利珀
漢薩城市
呂北克
不萊梅
漢堡
帝國直轄領
亞爾薩斯－洛林
* 圖林根邦
N
普魯士
普魯士省界
O 歐登堡屬
M 梅克倫堡－史特立茲屬
S 普魯士薩克森屬
H 黑森－拿騷屬
0
50
100
英里

德意志帝國，1871-1918年

北海
什列斯維希－
霍爾斯泰因
O
呂北克
M
漢堡
梅克倫堡－
施威林
歐登堡
不萊梅
漢諾威
紹姆堡－利珀
梅克倫堡－
史特立茲
不倫瑞克
柏林
H
薩克森
普魯士
利珀
布蘭登堡
安哈特
西發利亞
漢諾威
薩克森
瓦爾德克
德勒斯登
黑森－拿騷
薩克森
萊茵蘭
圖林根邦
H
S
S
黑森
黑森－
拿騷
黑森
普法爾茨
卡爾斯魯爾
巴伐利亞
亞爾薩斯－
洛林
斯圖加特
符騰堡
慕尼黑
巴登
霍亨佐倫－
西格馬林根

本書重要人物年表

德意志帝國（1871年前為普魯士王國）歷任君主

弗里德里希・威廉三世（1797-1840年）

弗里德里希・威廉四世（1840-1861年）

威廉一世（1861-1888年）

弗里德里希三世（1888年）

威廉二世（1888-1918年）

德意志帝國歷任首相

俾斯麥（1871-1890年）

卡普里維（1890-1894年）

霍恩洛爾（1894-1900年）

比洛（1900-1909年）

霍爾維格（1909-1917年）

米夏耶利斯（1917年）

赫特林（1917-1918年）

巴登的馬克西米利安（1918年）

前言

一八七一年一月十七日是個清冷的冬日。這一刻，普魯士國王威廉一世（Wilhelm I）心裡大受打擊。這位老者終於禁受不住，連僅有的一點自持都丟了，開始抽噎，「我這輩子最不堪的一天就是明天！要眼睜睜看著普魯士君主國入土，這都是你俾斯麥伯爵的錯！」傳說中，挺身肩起重擔，一統所有德意志人的皇帝，怎麼會是這位七十三歲的國王？然而，這正是他如今受到的期待。隔天，一八七一年一月十八日晌午時分，普魯士官員、貴族，以及普法戰爭中參戰的德意志各邦軍團派出的代表，數以百計的人齊聚凡爾賽宮的鏡廳（Hall of Mirrors）。樂儀隊的樂聲夾著等候群眾間興奮的喳喳聲，從落地高窗傳進壯麗的廳內。接下來，這座炫目大廳底端的雙門拉了開來，普魯士國王威廉一世、儲君弗里德里希與德意志各邦國代表依禮列隊進廳。一陣夾著期待的屏氣寂靜落了下來。大家都有一股感覺，在場的所有人將見證歷史的一瞬間，成為神話的一分子。

德意志各邦王公在儀式中進皇帝號，威廉則強打精神，咬緊牙關，忍著接受了這個頭銜。早在此時，各界已有預感，這個新形成的民族國家將前途多舛。她的舵手拒絕了「德意志皇帝」稱號，勉強接受更中性的「威廉皇帝」。他將永遠是普魯士王，過去是，現在是，未來也是。奧托・馮・俾斯麥（Otto von Bismarck）催生出了這個新生的國家，擔任第一任首相，而他同樣不是民族主義者。在他眼裡，德意志是普魯士國威與影響力的延伸。他在選日子要宣布德意志帝國成立的時候，甚至故意選了普魯士的國慶日。普魯士國王與首相如今聯手試圖統治一個政治建構，其中的南方各邦國滿不情願，之所以加入都是為了保護德意志同胞，抵擋迫在眉睫的法國入侵——俾斯麥對此的操作實在精明。用這種方法建構出的紐帶多少有點脆弱，恐怕也難以長久，鐵血宰相得竭力維繫才行。他甚至不敢在任何一個德意志邦國舉行德意志帝國成立的儀式，儀式反而是在戰敗國法蘭西的心臟——凡爾賽王宮舉行。新德國的中心德目是「奮鬥」與「戰爭」，假凡爾賽宮舉行的儀式可謂是般配的象徵。

一方面，俾斯麥拿幾個世紀以來的神話建構做文章，從各邦國拼成的拼圖中造出一個國家。建國初年與隨後數十年間，德意志帝國全力打造古代傳說相關的紀念碑，認為這些傳說能把意義與集體記憶賦予新成形的德意志；為此，甚至連威廉一世都成了中世紀國王「紅鬍子」弗里德里希（Friedrich Barbarossa）的化身。

根據這段德意志版的亞瑟王傳說，紅鬍子長眠於圖林根（Thuringia）居夫霍伊瑟山（Kyffhäuser）山下，注定有朝一日歸來，讓德意志再度偉大。為此，人們在一八九〇年代建立了一座宏偉的紀念碑。許多偉大的德裔思想家也為這種共同的神話感添柴加薪，其中的佼佼者就是格林兄弟（Brothers Grimm），他們長期主張德意志文化、語言與歷史傳統能形構出比地方殊異論更強大的紐帶。更有甚者，勢不可當的工業革命經濟潮流已經席捲西歐一世紀以上，假如德意志各邦國不想落後於法國與英國等鄰國，就得強化資源、人力與政策的協作。崛起中的中產階級看出德語地區在自然資源、地理形勢與勞動傳統上具備無邊的潛力。除非團結一致，否則無法釋放潛力。

另一方面，光有文化、經濟與政治紐帶還不夠。俾斯麥本人在一八六二年的知名演說中說得好，要團結德意志民族，得打一仗才行。他一語中的，一八七一年之前如此，一八七一年之後亦如此。俾斯麥決意利用對丹麥、奧地利與法國的戰火，淬鍊出全新的民族國家。在他所創造的德國裡，唯一能凝聚眾人的經歷，就是與外敵的衝突。以一個聯邦政府維繫當年由三十九個邦國組成的大集團，顯然並不容易；新憲法筆墨未乾，裂縫就開始浮現。他很清楚，這個國家並非經過數世紀時間鑄出的平滑整體，反而近乎於拿敵人的鮮血為黏著劑，匆匆貼成的馬賽克。因此，俾斯麥試圖讓「奮鬥」能長久延續，以保持手中的新德意志不至於瓦解。

這個策略是一步險棋。「鐵首相」是位幹練的政治人物，堪稱古往今來的一流政治家，而他也深知所謂的「歐洲協調機制」（Concert of Europe）在一八七一年是多麼脆弱。讓一個新的大國加入機制的最核心，簡直像是讓小孩拿小號，坐進世界級交響樂隊當中。他曉得，新成員得低調一陣子，學會該學的功夫，贏得老樂手的尊重才行。所以，俾斯麥短時間內不能再對外起釁。他轉而瞄準內部敵人，拿他們來團結德國多數民眾。新國家如今包含許多少數族群，例如波蘭裔、丹麥裔與法裔社群，而俾斯麥可以用少數族群襯出德國公民的輪廓。有了法裔的襯托，德裔就會自視為德國人，而非巴伐利亞人或普魯士人。此外，宗教戰場上的戰情似乎也相當順利。德意志帝國三分之二人口為新教徒，三分之一為天主教徒。俾斯麥推動德意志社會走向世俗化，試圖以民族情感取代宗教，藉此創造新的認同維度，同時縮小德國人彼此間的差距。最後，對於民族認同來說，社會主義運動的國際性似乎是危險的逆流。俾斯麥宣布社會主義者為全民公敵，如此就能利用他們，讓「德意志人對抗共同敵人的這場鬥爭」生生不息。

威廉二世（Wilhelm II）在一八八八年，也就是動盪的「三皇之年」（Year of the Three Emperors）登基，甫即位就因為凝聚德國的方法問題，而與俾斯麥起了衝突。他意識到同樣的問題，知道經濟與文化的共通點不足以維繫整個第二帝國（Second Reich），但他極為厭惡俾斯麥拿德意志人打德意志人的做法。威廉想成為全德意志人的皇帝，受子民的愛戴。既然他的祖父抗拒當「紅鬍子」弗里德里希的再世，那就由他來領導人民重返榮耀。他主張，不該在帝國內部找敵人，而是要往外鬥爭，在大國之間爭取地位。如此鍛造的鐵血鍊結之堅固，是再也沒有人能毀壞的。德國要向外爭取「陽光下的一席之地」，與不列顛和法蘭西等帝國平起平坐，才能帶來國內的團結——這種想法當然有問題，最後也要了第二帝國的命。偏偏這位一頭熱的二十七歲年輕皇帝沒有鐵首相的政治才幹。俾斯麥在一八九〇年下野，成了忿忿不平的失意之人，留威廉去持掌那巍巍顫顫的國之韁繩。德意志頭一回沒有俾斯麥，這位經驗老到、手法高超的老政治家辭職後，變化無常的未來也隨之降臨。

威廉堅信自己具備人格魅力與皇室氣度。但他很快就發現，光憑這兩點的力量，尚不足以消弭宗教、階級、地理形勢、文化與族群（僅舉數例）等長久以來的分歧因素。社會主義者一再罷工，天主教徒仍對普魯士國王抱持懷疑，波蘭分離主義者則繼續訴求建國。要是有個帝國讓他們感到自豪，說不定就能讓他們相信德意志就是一切吧。於是，威廉爭「陽光下的一席之地」的魯莽要求，終將帶領這個年輕的民族加入一場走向毀滅邊緣的鬥爭。

第一次世界大戰於一九一四年爆發之初，威廉皇帝相當震驚。他所料想的巴爾幹區域戰爭搖身一變，成了全歐洲的大規模衝突。即便如此，他仍然看到機會，能將所有德意志人徹底團結起來。一九一四年八月一日，他鄭重表示「如今我們都是德意志同胞，徹徹底底的德意志同胞」。近年來的研究，已經破除「各界對於戰爭爆發感到振奮」的神話，不過時人確實有一股要捍衛「祖國」的情緒。但是，第一次世界大戰終究證明了這個年輕國家承受不了那麼多的鐵與血。一九一八年十一月，德意志民族一敗塗地，頭上的冠冕打落了，盾牌與寶劍裂了，精氣神丟了。死敵法蘭西準備好消滅她、拆解她，並振振有詞表示：但凡一個國家以戰爭為其民族認同之基礎，帶來的不會是別的，只會是更多的流血。第二帝國將在當年成立的地點毀棄，也就是凡爾賽宮的鏡廳。

但不列顛與美利堅卻在第二帝國的餘燼裊裊中看到了另一個德意志。俾斯麥當年撒下了民主與經濟繁榮的種子，緩緩而柔弱長出了不同的德意志民族願景，要憑藉貿易、穩定與民主，在世界各國中找到自己的身分與位置。兩國的確沒有看走眼，但德意志還得經歷另一次衝突，其慘烈甚至讓一次大戰的恐怖瞠乎其後，才能抖落暴力與軍國主義的最初。

德意志帝國建國過程本來就是一場又一場的衝突，衝突也不斷煩擾這個帝國。俾斯麥體認到自由傳統的價值，實施成年男子普選，讓真正的多黨政治得以演化成型，但這個體系卻持續受制於頂端的普魯士威權體制。多種認同彼此間衝突不斷，這些認同不僅與民族認同相抗衡，有時甚至壓倒了民族認同，這才導致俾斯麥與威廉二世兩人為了創造團結的基礎，而刻意把衝突拉長。雖然他倆未能在掌權的時代建立起繁榮而團結的國家，卻都幫助了播種（無論是否如其所願），讓最終將成為經濟與民主火車頭的德國破土而出。

第一章

崛起

Rise 1815–1871

眼下的大哉問若想做出決斷，不能靠演講跟多數決……而是要用鐵與血。

——俾斯麥

德意志人表明立場，一八一五年

一八一三年，普魯士國王弗里德里希・威廉三世（Friedrich Wilhelm III）真情流露，訴請全體子民將德意志土地從法國的占領下解放，文章的標題就叫〈告吾同胞書〉。[1]至於誰是他的同胞，感覺連這位君主自己都沒有十足把握。他的呼告文第一段是對「布蘭登堡人、普魯士人、西利西亞人、波美拉尼亞人、立陶宛人」講話，但隨著語調愈加激情，他的對象也變成「普魯士人」；等到他請整個民族集結起來面對「外敵時，對象又變成「德意志人」。弗里德里希・威廉三世似乎也很清楚，他的子民心裡有好幾重的民族認同。承平時，強烈的地區忠誠阻擋了民族情感，但德意志人被迫跟敵對的外部勢力較量時，地區忠誠便會沒入背景中。這種堪稱膝反射的「德意志為民族地位而戰」模式就此確立，準備迎接將來一世紀的時光。

真巧，拿破崙最後在滑鐵盧一敗塗地的那一年，也是俾斯麥的出生年——一八一五年。和同一時間長大的多數德意志人一樣，抵抗法國人的故事深深影響了他的孩提時光。一八〇六年，拿破崙的軍隊在耶拿（Jena）與奧爾施泰特（Auerstedt）雙會戰狠狠羞辱了普魯士，此後所有普魯士人都得對法蘭西霸權低頭。在眾人眼中，一八〇七年的提爾西特和會（Peace of Tilsit）比戰場上的失利還慘，普魯士國王在會中把半數領土與子民割讓給法國，放棄了易北河以西的所有土地。這種羞辱人的讓步，讓弗里德里希·威廉三世承受無窮的壓力，必須採取行動。他面對法軍入侵猶豫太久，人們早當他是個溫順寡斷的領導人。若跟傳奇般的普魯士先王弗里德里希大帝（Friedrich the Great）一比，那更是雲泥之別。「老弗」（Old Fritz）弗里德里希大帝可是靠著一連串軍事勝利（包括一七五七年對法勝利）贏得這親切的綽號，他不僅經常親自率軍作戰，更數度置身於坐騎中彈的危險當中。相形之下，弗里德里希·威廉三世唯一可取之處，就是他那位高人氣的貌美妻子，路易絲（Louise）。當時在提爾西特，正是這位睿智、堅定、迷人的女子站出來面對拿破崙，試圖為普魯士磋商出更好的條件，讓後人津津樂道。雖然沒有成功，但此事也讓她成為重要的公眾人物。不過，她的丈夫也因此顯得更無力。弗

1 Friedrich Wilhelm III's Call for National Mobilisation, 'To My People' (17 March 1813).

里德里希．威廉三世逃離柏林，逃到王國最邊緣的東普魯士，打了敗仗，丟了首都，也丟了自己的尊嚴與子民的支持。此時真正是普魯士的低谷，但許多德意志人也因此同仇敵愾。集體受辱與羞恥感恐怕不適合拿來作民族傳說的內容，但這股感受確實在德意志人當中創造出一種共同的戒心，讓將來的領導人得以召喚出來。

俾斯麥的父母才新婚不久，法軍就占領了他們的故鄉——位於易北河以東幾英里的申豪森（Schönhausen），不只手段駭人，過程中還掠奪了城郊。對俾斯麥夫婦卡爾（Karl）與威廉米妮（Wilhelmine）來說，乃至於生活在德意志土地上，人卻在法軍鐵蹄下的多數百姓來說，弗里德里希．威廉三世的召集令在一八一三年出爐的那一刻，彷彿是解放與振奮的瞬間。為了恢復民族尊嚴與榮譽，怎麼樣的犧牲都不為過。值得為此而戰，甚至為此而死。造化弄人，這股愈來愈強烈的全民抵抗情緒，至少有一部分是因為普魯士國王的勢弱而來。

一八一〇年，路易絲王后在三十四歲驟然辭世，此後她變成德意志愛國運動的象徵，愛國人士不斷施壓，讓一屆又一屆的普魯士政府必須用共同的大業集結所有德意志人。年輕的路易絲無懼於強大的拿破崙，替普魯士與德意志挺身而出的形象，為哀痛的丈夫打了一劑士氣的強心針。一八一二年冬，拿破崙的軍隊終於在俄軍的行動中大敗，此時弗里德里希・威廉三世也終於有了行動的決心。他在一八一三年發表振奮人心的演說詞，不僅讓普魯士人民集結於國王身後，也鞏固了「祖國」（fatherland）的概念。許多老百姓響應他的號召，不分階級、信仰、性別、年齡或地區。他們加入志願軍部隊，他們「為鐵獻金」（Gold for Iron），並成立慈善團體照顧傷員。

然而，想把拿破崙的部隊從德意志土地趕出去並非易事。二十九萬德意志人響應號召，上了戰場，參與一連串耗時而冗長的對陣。最高潮是一八一三年十月的萊比錫戰役，參戰各方總計有五十萬人，是二十世紀前歐陸最大戰役。這場後人口中的民族大會戰（Battle of the Nations），載入德國史冊，成為通往建國之路的里程碑。故事是這樣的，德意志民族起身反抗法蘭西壓迫者，從異族宰制之重軛下解放了自己。早在一八一四年，民間就開始推動在戰役地點興建紀念碑，恩斯特・莫里茨・阿恩特（Ernst Moritz Arndt）等哲人也強化了類似的訴求。一八九八年，紀念碑終於發包興建，預計二百九十九英尺高，是個從數英里外就能看到的地標，無論在當年還是今天都一樣壯觀。不過，經費主體來自民眾捐款與萊比錫市府經費，而非聯邦政府或皇帝出資，這一點著實耐人尋味。一九一三年落成典禮時，超過十萬人到場觀禮，顯見德意志建國神話與傳說變得多麼受人歡迎。

俾斯麥與同輩就是在一個充滿故事，講述所謂「德意志解放戰爭」（Wars of Liberation）英勇行動與崇高精神的世界裡長大。一八一三年響應普魯士國王號召的志願者，人稱「地方防衛軍」（Landwehr），占陸軍二十九萬人當中的十二萬零五百六十五人。地方防衛軍還得到各式各樣的「民兵」（Freikorps）單位，以及來自普魯士與其他德意志邦國的額外志願者所支持。這件事情之所以成為傳奇，倒不是因為他們占了戰力的大部分，讓驅逐法國人得以實現，重點在於他們沒有像正規軍那樣向普魯士宣誓效忠。他們效忠的對象是德意志祖國。知名的「呂措」（Lützow）志願軍後來構成普魯士戰力的百分之十二點五。他們的服裝配色最後成了一股愛國浪潮的靈感，留下不墜的影響——志願軍穿著黑色制服，滾紅邊，用了金色的黃銅鈕扣。德意志三色旗就此誕生。

有趣的是，一八一五年六月十八日的滑鐵盧戰役從來沒有深入德意志民族靈魂深處，不像英國人或法國人的集體記憶。沒錯，拿破崙再也無法東山再起；沒錯，普魯士與奧地利對於反法同盟貢獻甚偉，因此各方就歐洲的未來進行協商時，是認真對待這兩個國家。但對德意志愛國者來說，德國歷史是在萊比錫締造的。滑鐵盧戰役是在尼德蘭土地打響，民族大會戰卻是在德意志的最核心爆發，若要作為英勇奮鬥建國的高潮，後者的吸引力比前者高太多了。不過，對於德意志乃至於歐洲其他地方來說，一八一五年都是重要的分水嶺。新的權力平衡就此誕生，德意志各邦得到機會，在其中為自己開闢空間。

事實證明，維也納會議（Congress of Vienna，一八一四至一五年）的協商對普魯士來說不僅彆扭，而且教人沮喪。普魯士認為自己理應對土地的再分配有發言權，並試圖取得薩克森王國，進而將統治範圍深入德意志中部。英國外相卡斯爾雷勳爵（Lord Castlereagh）支持普魯士方案。他希望有個統一而可靠的德意志國家負責中歐，作為屏障，阻擋未來可能來自法國的入侵。然而，是項方案卻遭到會議東道主、奧地利外相克萊門斯・馮・梅特涅伯爵（Count Klemens von Metternich）堅決反對。當時的奧地利無論在經濟與政治上，都是更成熟、也更強大的德意志國家。各方必須妥協，最後薩克森遭到瓜分，普魯士獲得其四成左右的領土。妙的是，普魯士人堅持割讓的領土必須包括維滕堡（Wittenberg）——將近三百年前，馬丁・路德（Martin Luther）就是把自己的九十五條論綱，釘在城內主教座堂的大門上，為宗教改革揭開序幕。德意志歷史上的這一段，已經成為統一浪潮的核心要素。學者與知識分子會在瓦爾特堡（Wartburg）舉行大規模政治集會，當年天主教會宣布路德為異端之後，路德就是在這躲藏了三百天；更關鍵的是，他就是在這把《聖經》譯成德語。路德之所以備受讚譽，不光是他對書同文的影響力，也是因為新教徒在宗教改革與數世紀後對抗法國的解放戰爭之間，看到了強烈的共通點。德意志總能憑藉其民族的武力與精神力，掙脫外來的壓迫，管他是拿破崙，還是羅馬的教宗。如果沒有奪得維滕堡就離開維也納，普魯士的代表可承受不起。反正信奉天主教的奧地利對此並不在乎，折衷就這麼定了。

維也納會議造成的改變中，對於未來德意志帝國形成最為深遠的影響，就數把萊茵河沿岸大片土地分給普魯士之舉。英國期盼能確保中歐有一座穩定、可靠的德意志堡壘，遏阻法國侵略的潛在可能，同時填補哈布斯堡家從比利時撤出後留下的權力真空。管理比利時人令人傷透腦筋，吃力不討好，奧地利對此已經厭煩，樂得把責任丟給普魯士。這件事有人處理稱了所有人的意，一下子就通過了。普魯士的影響力（意外成分多於計畫成分）如今涵蓋整個北德意志地區。只有一件掃興事——新領土跟東邊的普魯士心臟地帶，中間隔著漢諾威（Hanover）、不倫瑞克（Brunswick）與黑森—卡塞爾（Hesse-Kassel）等小邦國。即便如此，這仍然是國力、資源與人力的大幅增加，普魯士因此更有分量，能在接下來的數十年間稱霸。

總之，新德意志帝國龍興的歷史中，一八一五年是個重大轉捩點。早在拿破崙入侵之前，德意志地區已有民族主義存在，作為當地其他發展底下的文化伏流，而一八一五年則是讓牽涉到存亡的外來威脅，化為鼓舞群眾、推動共同目標的力量。地方防衛軍與民兵單位等志願軍，在解放戰爭有著扭轉戰局的貢獻，可見人們對於祖國的熱情支持，而民間源源不絕的「為鐵獻金」與其他努力，其力量也絕不亞於志願從軍。也就是說，德意志地區的男女老幼感受到他們的文化、語言與初綻放的民族認同，受到相同的威脅，為此坐立難安，許多人為了捍衛自己的身分做出重大的犧牲。這種集體經驗，是一股無比強大的精神凝聚力。史家尼爾・麥葛瑞格（Neil MacGregor）在他那部德意志文化史巨作裡指出，就凝聚力而言，只有二百年前三十年戰爭（Thirty Years' War）的殘酷，才能與拿破崙戰爭的經歷相提並論。一種防衛性民族主義（defensive nationalism）就此扎根，帶來了德意志帝國的建立與毀滅。

兩個德意志對手，一八一五—四〇年

維也納會議承受了眾多德意志民族主義者憂心忡忡的目光，他們希望歐洲版圖的重劃，能帶來更統一的德意志。但奧地利想方設法圍堵以普魯士為首、往德意志大一統方向的演變，民族主義者也因此大失所望。普魯士依然以奧地利為尊，有意創造一種體系，讓兩大德意志國家共同合作，以某種聯盟的形式控制小國。兩國同意，做法若想落實，必須成立有實質意義的中央政府，才能決定並實施政治、經濟與社會政策。另一方面，奧地利擔心這麼做等於與普魯士平起平坐，因此試圖保有老大哥地位。於是，奧地利外相梅特涅主張成立鬆散的德意志邦國邦聯，由奧地利主導。作為主導維也納會議的其中兩個國家，英國與奧地利對於這點都有共識，因此最後出爐的是有悖於普魯士模式的決議。德意志邦聯（Deutscher Bund）就此成立。

對於以德意志邦聯作為德意志統合的形式，不只普魯士菁英大感失望，連許多老百姓也是，他們可是為了自己的祖國拚死拚活作戰，希望自己的英勇奮鬥能換得看得見、摸得著的成果。往好處想，德意志邦聯沒有打算重回神聖羅馬帝國那種多不勝數的國家與領地數量。拿破崙必須能控制自己征服的德意志土地，因此他勸誘、威脅、賄賂、痛打這些德意志小邦國，組成所謂的「萊茵邦聯」（Confederation of the Rhine）；一八〇八年時，萊茵邦聯有三十六個國家，只有奧地利、普魯士及兩國的附庸國不在其列。德意志邦聯模仿這種鬆散，其完整型態下有三十九個德意志邦國。相較於神聖羅馬帝國數以百計的碎裂行政單位，德意志邦聯似乎是種進步，但問題是邦聯幾無中央集權可言。唯一的邦聯組織，也就是邦聯議會（Bundesversammlung），其實是外交官的定期會議，而非握有立法權、且法律效力及於各邦國的議會。這種體系底下不存在具有實際意義的經濟、政治或社會協作可言。此外，德意志邦聯主席國由奧地利永久擔任，而非輪替或選舉，等於是在傷口上撒鹽。德意志邦聯是否構成某種鬆散的紐帶？畢竟成員國不得脫離，且邦聯法律原則上高於國家法律。但在實際上，除了全體成員國面對外敵攻擊時有共同防禦的義務之外，德意志邦聯從來沒有針對全體成員國實施邦聯級的決策，因此史學界近年來開始對「鬆散紐帶說」存疑。相較於神聖羅馬帝國，德意志邦聯算是往統一前進了一步，兩者的關鍵差異在於邦聯的成員國數量更容易控制，這些國家也必須為邦聯而戰（相較之下，神聖羅馬皇帝卻得仰賴協商出來的脆弱聯盟）。然而，究其根本，德意志邦聯其實與共同防禦協定相去不遠。

這種解決方式令愛國志士無比挫折，對於德意志問題（German Question），他們希望有比「奧地利主導的德意志邦聯」更實在的答案。他們夢想中的德意志民族國家，如今就和過去一樣遙不可及。解放戰爭的民族主義餘熱未盡，讓民族情感有許多載體可用。德意志地區各大學內成立的民族主義兄弟會「青年會」（Burschenschaften）就是其中一例。耶拿大學是當時（也是今天）這類社團的精神故鄉。德意志地區第一個同類型組織「元祖青年會」（Urburschenschaft）就是一八一五年在耶拿成立，並採用黑、紅、金三色旗為會旗。這些熱情年輕知識分子的民族主義夢想在維也納落空，他們為此怒不可遏，開始組織集會遊行，成為最終引發一八四八年的革命的因素之一。一八一七年瓦爾特堡節（Wartburg Festival）或一八三二年漢巴赫堡（Hambach Castle）學生示威等活動結合了統一的號召，倒進了對更多民主、個人權利與自由主義的要求，調出一杯令人心醉的理念雞尾酒。

其他知識分子也支持這些學生，像是哲學家費希特與黑格爾（兩人與耶拿關係匪淺）。近年來的研究指出，他們身上的「德意志民族主義者」標籤不盡然準確，必須置於十九世紀下半葉的民族情感脈絡中審視。一八八〇年代與九〇年代的帝國御用學者要為意識形態找出奠基者，於是為兩人創造出多少有點簡化的聲譽，結果這樣的名聲延續了相當長的時間。但即便如此，身為影響力卓著的思想家，他們確實帶來巨大的影響，為十九世紀上半葉的自由民族主義運動形塑了方向，這一點不容否認。阿恩特等民族主義文人也成為統一運動的核心。他寫的歌〈何謂德意志祖國？〉實質上等於國歌。

來談比較庶民的層次。繼拿破崙戰爭，格林兄弟為文化的統一發揮了影響力。他們在一八一二年與一八一五年，出版自己蒐羅的日耳曼童話故事集，故事內容並無新意。大壞狼、關在塔裡的公主、森林裡的女巫……幾世紀以來，講德語的兒童都是被這些故事嚇大的，但格林兄弟的貢獻在於把這些口耳相傳的民間故事標準化為單一書寫形式。他們有意為所有德語使用者創造共同的文化財，統一他們說話的方式、信奉的道德觀與童年經驗，文化紐帶就會隨著一代代過去而成形。許多故事的寓意都是「聽話」，故事裡的孩子往往因為不聽老人言，最後遭遇慘痛的命運。小紅帽就是其中一個例子。她媽媽要她帶著糕點和酒，穿過陰暗的森林，去探望生病的祖母，還特別交代小女孩別在中途逗留。格林兄弟加上的這段媽媽的叮嚀，並不見於夏爾．佩羅（Charles Perrault）的法語版故事中。不意外，小紅帽一下子就被大壞狼的花言巧語騙離了路。她一繞路，野狼就能先一步到奶奶的家。牠先吞了老太太，接著假扮老太太，連她的孫女一塊兒吞下肚。如此這般，小孩子不聽話的危險便鮮活刻劃在每一個德裔孩子的心中。「森林」是故事中一再出現的背景。森林一定是危險、陰暗的地方，跟村莊的安全與寧靜有鮮明的對比。故事脈絡裡，甘冒危險的勇敢獵人每每以英雄姿態現身。透過故事，一套共同的想像與倫理就此誕生。難免有人覺得這些都是細枝末節，但兒童共有的文化體驗所發揮的精神影響力，實在不容低估。解放戰爭中的犧牲創造出強大的紐帶，再加上格林兄弟的語言與文化影響力推波助瀾，一種德意志「民族」（Volk）的感覺也就愈發鮮明。

第二次世界大戰結束以來，「民族主義」一詞愈來愈容易讓人聯想到右翼政治，但我們得提醒自己，民族主義在十九世紀歐洲呈現的形式，是有濃重的自由與浪漫理念色彩的。許多人跟格林兄弟一樣，深信民族文化、認同與語言中存在著「美」。卡斯巴．大衛．弗里德里希（Caspar David Friedrich）等浪漫派畫家人氣居高不下。他的畫作往往會出現沉思的人物，俯瞰著標誌性的德意志景致，凸顯人與土地之間近乎於神祕的關聯。他一八一八年的作品《霧海上的旅人》（*The Wanderer above the Sea of Fog*）是最有名的例子。緊隨而來的是形象英勇的日耳曼妮雅（Germania）——德意志民族認同的女性擬人化，外型往往健壯，有著寬闊的肩膀，準備隨時上戰場。相較之下，法國的擬人化瑪麗安娜（Marianne）多半形貌柔和，對於「自由」與「美」的強調要多於「睥睨」與「勇敢」。浪漫主義、自由主義與民族主義攜手而來。

維也納會議落幕後，全歐洲的保守菁英仍忙於抵擋法國大革命的衝擊波。此時，德意志民族主義者則訴求建立中央集權的國家，希望能據此成立有實權的議會，並削弱任意而為的君主統治。等到他們看到歐洲主要國家居然共謀維持既有政治秩序，而非加以改革時，自然是大失所望。但自由主義的巨輪既已開始轉動，現在要想煞車就很困難。弗里德里希·威廉三世在一八一三年號召志願者的時候，覺得有必要對子民做出讓步，如今卻想把這些權利收回去，這自然會引發眾怒。整個一八三〇年代，人們試圖革命的頻率愈來愈高，只是規模還不大。一八三三年四月，大學生試圖擾亂在法蘭克福舉行的邦聯議會。普魯士與奧地利都認為此事相當危險，雙雙派兵到法蘭克福綏靖。儘管這兩大德意志國家彼此競爭激烈，但也都同意：但凡有人試圖採取激進政治改革，都必須彈壓。兩國主導保守派的激烈反對，對抗已經在德意志土地生根的自由思想，實施審查制度，嚴加控管德意志民眾的政治活動。然而，這只不過是以鎮壓為鍋蓋，讓怒意在底下持續悶煮，最後終於在一八四八年沸騰。

經濟上，普魯士從一八一五年得到的萊茵河沿岸土地收穫甚巨。光是魯爾（Ruhr）地區的煤田就有全世界數一數二的蘊藏量，何況阿亨（Aachen）附近與薩爾（Saar）地區也都還有煤礦藏。此外，科布倫茨（Koblenz）附近的礦床不僅生產大量的鐵礦石，還能提煉出大量的鉛、鋅、銅等多種重要資源，並有板岩採石之利。當時最重要的就是煤礦。由於奧地利仍是農業為主的國家，加上中歐的工業才剛起步，奧地利沒有預料到給普魯士的土地居然成了經濟的一大助力。或曰萊茵蘭（Rhineland）是「普魯士王冠上最飽滿的寶石」，所言甚是。[2]

如今唯一的問題在於，普魯士無法藉德意志邦聯之力，去充分運用國家在西方的新資源。由於國土一分為二，從建立轉運環節到關稅規定，普魯士都必須跟個別國家進行協商。萊茵蘭的資源讓鐵路建設得以成真，催生出密密麻麻的路線。普魯士的第一條鐵路是一八三八年通車的柏林—波茨坦線，從這個並不起眼的起點開始，普魯士還有很多路要趕，才能追上其他西歐國家工業革命的速度，尤其是英國。經濟協作不只是「想要」，更是「必要」。由於不能指望奧地利，普魯士便在一八三四年獨力推動並成立德意志關稅同盟（Zollverein）。梅特涅伯爵不覺得這有什麼，奧地利也始終沒有加入。有了關稅同盟，才有協調基礎建設、資源與人力的可能性，也才能讓德意志盡情發揮其工業潛能。一八一五年參與維也納會議的大國沒有料到，自己居然把經濟上統一德意志的手段交給了普魯士。到了一八六六年，地圖上的關稅同盟看起來已經跟一八七一年才出現在地圖上的德意志帝國無比相像。史學家威廉．卡爾（William Carr）說得好，關稅同盟是「德意志統一的特大號開關」。

不過，無論一八三〇年代的價值觀、文化與經濟的結合有多麼穩固，再度讓德意志人團結起來的仍然是外敵，而且凝聚力遠甚於文字或金錢所能。敵人以德意志最喜歡的對手樣貌，也就是法蘭西的模樣現身。一八三〇年的第二次法國大革命，推翻了查理十世（Charles X），結束了復辟的波旁王朝，奧爾良家族（House of Orléans）的路易．

2 Chisholm, pp. 242–43.

腓力（Louis Philippe）登基為王。如今的法蘭西君主國雖然與「人民主權」（popular sovereignty）觀念相繫，國君權力也不再是天授，而是來自於人民，但共和派希望君主制徹底消失，不斷挑戰君主。比拚人氣與爭取同意因此成為路易．腓力治世期間的特色。君主體制在一八四〇年的東方危機（Oriental Crisis）期間遭到進一步削弱——法國試圖獲得左右埃及的影響力，結果失敗，讓法國在國內外政壇顏面掃地。法國總理阿道夫．提耶爾（Adolphe Thiers）急於轉移外界對這起蠢事的關注，於是在距離本國更近的地方挑起衝突。他要求法蘭西與德意志地區之間應重新以萊茵河為界，並徵兵近五十萬人，挑明自己並非兒戲。

但我要為法國政府說句公道話，法王路易．腓力對此並不高興，於十月撤換了提耶爾，換上手段更圓滑的法蘭索瓦．基佐（Francois Guizot）。同時，萊茵河彼岸的德意志邦聯也證明自己可以是有效的外交工具，並盡力和平化解危機。只是為時已晚。拿破崙戰爭的慘痛記憶與各種新仇舊恨，激發了雙方的民族狂熱。在德意志地區，許多愛國歌曲紛紛出爐，像是尼可勞斯．貝克爾（Nicholaus Becker）的〈別讓人奪走自由的德意志萊茵〉、馬克斯．許內肯伯格（Max Schneckenburger）的〈守衛萊茵〉，還有最為多產的法勒斯萊本的霍夫曼（Hoffmann von Fallersleben）所寫的〈德意志之歌〉，也就是今天的德國國歌。德意志是個嵌在俄國與法國之間的大陸勢力，又缺乏明確且不可逾越的天然疆界之固，其民族精神對入侵的威脅十分敏感。政治主張、童話故事或經濟利益，怎麼樣都比不過這種上緊發條的防禦性民族主義——德意志人的內心裡腦海裡，隨時都會有外敵冒出來。

德意志革命，一八四〇—四八年

「德意志歷史來到轉捩點，卻沒轉過去。」[3]泰勒（A. J. P. Taylor）對於一八四八年的著名評價雖然已經是七十五年前的事了，但至今仍站得住腳。起義與動盪席捲全歐，爭取落實法國大革命理念的一方，卻遭遇保守菁英的強硬抵制。但事情在德意志的情況多少有些不同。人們逐漸產生民族歸屬感，只是對於打造出來的聯盟該有什麼特質，各

3 Taylor, p. 71.

方分歧愈來愈大。一八四八年的革命雖然未能帶來立即且實質的改變，卻引發多股強大而持久的力量，形塑了接下來德意志歷史的發展，是好是壞則是未定之天。

一八四〇年萊茵危機（Rhine Crisis）的民族激情開始消退，本來對於德意志邦聯主事菁英的支持也隨之而去。過往對於缺乏社會、政治改革的不滿又捲土重來。民眾對奧地利老伯爵梅特涅的期待已低到谷底，畢竟他這三十多年的政治生涯，完全貢獻給了舊政權。自由派與改革派轉而把希望寄託在普魯士。先前一八一五年維也納會議落幕後，弗里德里希・威廉三世不是一再承諾要制定憲法嗎？一八三〇年代的示威抗議是要他履行承諾，但他在一八四〇年因高燒長期不退而過世，葬在他鍾愛的妻子路易絲身旁，許多人於是原諒了這位先王，改為希望他的兒子弗里德里希・威廉四世（Friedrich Wilhelm IV）做出改變。但他們大失所望。新王放話說：「在我與我的子民之間，不會有什麼文件。」他對於神聖王權的信念絕不動搖，若他與子民之間有什麼約定，就等於違背自己的信念。他的權柄來自神，而非人民。

換做別人，德意志民眾說不定不會對這種觀點計較，偏偏弗里德里希・威廉四世卻是近幾任普魯士君主中最沒有魅力的。孩提時起，連他的親朋好友都管他叫「比目魚」，影射他身材粗矮、脖子短，體態難看。大家一下子就看出這綽號不只是攻擊外貌。他缺乏精明的政治手腕與溝通技巧，簡直跟外貌一樣不堪。整個一八四〇年代，人們都當他是笨拙、沒有男子氣概的軟弱傻瓜，而且抱持這種看法的人遍及整段政治光譜，政敵如此，支持者亦如此。剛開始，他稍微放寬審查，釋放部分政治犯，試圖藉此與改革派講和，人家卻當這是生硬的矯飾。他的弟弟威廉（即未來的德國皇帝）掌管國王的騎兵隊，想要在這個位子上揚名立萬，這對哥哥的形象來說也沒有幫助。每當發生暴動或示威，弗里德里希．威廉四世都要猶豫一回，他的弟弟則出手干預，血腥鎮壓。威廉有句名言：「對付民主派就是要動刀兵。」無論是激進派還是溫和派，都不喜歡比目魚加暴君的組合，一八四〇年代的革命之火也愈燒愈旺。

改革派就快受不了這種政治打壓的氛圍了。一八一九年在德意志邦聯各邦國實施的「卡爾斯巴德決議」（Carlsbad Decrees），讓當局能合法監禁甚至處死政改人士。方興未艾的自由主義與民族主義運動遭受直接打擊，愛國兄弟會、左派報紙遭禁，各級學校也不得傳授自由思想。馬克思（Karl Marx）等人因此流亡，但許多和他一樣的思想家與哲學家最後落腳巴黎或倫敦，得以公開發表自己的想法。要不是因為嚴重的社會問題在十九世紀上半葉影響了德意志乃至於整個歐洲，而且在一八四〇年代尤甚，革命恐怕只會是知識分子腦中的幻想。工業化以前所未有的速度與衝擊力，引發社會與經濟的變局。從農業經濟轉型為工業經濟的過程中，人們湧向城市，過度的擁擠迅速造成生活水準直落，疾病爆發，傳統家庭支持網絡難以為繼。在前所未有的人口成長助長下，人數可觀的半技術底層階級開始發展。擠在都市裡的他們，變得比以前住在鄉下時更加政治化。奧地利自由派政治人物維克托・馮・安德里亞—維爾堡（Victor von Andrian-Werburg），將情勢總結於一八四一年的作品《奧地利及其未來》（*Austria and its Future*）：「以前的物質生活哪有這麼悲慘過？人性哪有受過比如今更深、更恐怖的傷口，鮮血淋漓？成千上萬的人在不斷成長的富庶文明中淪為孤兒，遭到遺忘，承受無以名狀的痛楚。」[4]

技術勞工與工匠同樣得跟各自行業的自動化競爭，日子也不好過。一八四四年，數千名西利西亞（Silesia）紡織工搗毀紡織機，孤注一擲想挽救自己的生計與身分認同，手法有如三十年前英格蘭發生的盧德暴動（Luddite Rebellion）。普魯士政府派兵回應，但軍隊失控朝群眾開槍。國王聲稱同情紡織工的困境，卻又派兵鎮壓，感覺根本就是無情暴政。馬克思、海涅（Heinrich Heine）等人很快就拿這起事件批評當政者。憤怒的情緒一觸即發。低薪、高失業率與高漲的糧價已經令苦難的餘燼久久不熄，一八四四至四七年間小麥、黑麥歉收，馬鈴薯遭受晚疫病打擊，更是在火上澆油。一篇作者不詳的宣傳文〈德意志的饑饉與德意志的貴族統治〉總結了民情之激憤：「飢餓有如沙漠中的野獸，眼眶凹陷，骨瘦如柴，在德意志土地上遊走，襲擊獵物。飢餓的牠追的是肥貓嗎？不，牠與其他野獸有別；這掠食者喜好獨特，專找餒餓的獵物。」[5]審查雖能攔擋部分同類型著作，卻再也無法平息人們對於社會不正義的怒火。一八四八年三月，革命在歐洲各地爆發。

一八四八年三月十三日，群眾來到位於柏林核心的王宮前，進行一場相當平和的遊行。王宮位於斯普雷河（River Spree）的島上，這座壯觀的巴洛克建築向來睥睨全城，而一八四五年起造的巨大圓頂，更是讓宮殿的高度高了將近兩倍，達到一百九十七英尺。其穹頂按照國王的設計，扎扎實實讓作為王權象徵的王宮提升到了新的高度，也因

4 Andrian-Werburg, p. 24.
5 Anonymous pamphlet 1847. www.dhm.de/lemo/bestand/objekt/nn002955

此成了遊行最好的布景。參與集會的人多半是出於飢餓與淒苦，但來自激進派、改革派、民族主義與自由主義運動人士讓群眾變得泛政治化，弗里德里希．威廉四世與其弟不禁膽寒。前者一如往常，以躊躇寡斷回應，但威廉王子選擇採取行動，派出騎兵，對群眾開火。幾位平民被殺。這一回群情之激憤，已經達到再也不會受到威脅的地步。民眾非但沒有退去，反而築起路障，把對抗一步步往柏林的心臟推去，緊張的態勢在三月十八日達到頂點。三百名平民與一百名士兵喪生，大約七百人重傷。躑躅的國王擔心情勢進一步升高，於是退讓，奇特的場面隨後出現。隔天，民眾為遊行期間遭射殺的死者送葬，隊伍經過王宮時，弗里德里希．威廉四世站上陽台，並脫帽致意。過兩天，他甚至加入在柏林大馬路上的遊行隊伍。他騎馬跟著隊伍，披上此前總令他一看就暴跳如雷的德意志三色旗，彷彿對子民的憤怒深有體會。但國王其實只是苟安，接受事實，自己的統治以及生命都得靠這項善意之舉才能維繫。隔天，他去信給弟弟威廉：「昨天，大家看到我願為保全一切而披上三色旗；……等到這把戲一起作用，我就要脫下來！」[6]

隨著情勢的戲劇性發展，柏林的氛圍變得令人興奮不已。國王顯然加入了運動，如今改革即將展開。德意志邦聯在法蘭克福舉行的全體會議，連同普魯士的議會，都舉行了第一次的選舉，帶來自由派主導的議會。他們立刻動手規劃德意志的統一，起草以全德意志人的皇帝（Kaiser）為元首的憲法。革命的三色旗將成為國旗，〈德意志之歌〉為國歌。霍夫曼所寫的歌詞影響力尤為卓著。雖然有點諷刺，因為配曲是海頓（Joseph Haydn）為奧地利帝國皇帝法蘭茲二世（Francis II）所寫的頌歌，不過歌詞卻是要德意志人高舉自己的祖國，「高於世間一切」。這句話的用意，在於應該把長久以來阻礙德意志大一統的地方殊異性拋在腦後。將近百年後，納粹用侵略性的方式重新詮釋這句話，導致接下來的歷屆德國政府無法接受這段歌詞。今天的德國國歌，唱的是〈德意志之歌〉的第三段歌詞，開宗明義就是一八四八年革命揭櫫的自由價值，「團結、正義與自由」（Einigkeit und Recht und Freiheit）。

情勢感覺相當樂觀，連二月才剛在倫敦發表《共產黨宣言》（*Communist Manifesto*）的馬克思都決定重返故國。但這一切卻是曇花一現。一場反革命行動正在成形。一八四八年秋，國王先是把普魯士議會趕出柏林，後來更徹底解散。與此同時，法蘭克福的議

---

6 Schwibbe, p. 104.

會則陷入嚴重分裂，統一的最後希望落到了普魯士國王的領導權之上。議會提議將德意志的皇冠授予弗里德里希·威廉四世，如此一來，各方夢想中由一位皇帝統治的大一統德意志終將能夠實現。弗里德里希·威廉四世拒絕，他表示自己絕不可能接受從「革命種子中」誕生的皇權。先前由地方乃至於全國所制定出的憲法，都在一八四九年與一八五〇年遭到淡化，或是廢止。法蘭克福民族議會在內部鬥爭下瓦解，而哈布斯堡家族與霍亨佐倫家族（Hohenzollern）則恢復了信心，展開激烈的反革命行動，再次恢復舊秩序。一切復舊。

是這樣嗎？雖然普魯士軍隊踏熄了德意志之地上上下下的革命餘燼，但同時也有一股德意志民族認同開始浮現，而且再也塞不回奧地利與普魯士傳統陣營的盒子裡。前面已經說過，普魯士長期以來盛行德意志民族認同，但在信奉天主教的南德地區，民族主義的確是在一八四〇年代，尤其是一八四八年革命期間才有了蓬勃發展。拿破崙與巴伐利亞（Bavaria）、巴登（Baden）和符騰堡（Württemberg）等南方邦國組成聯軍與法軍一起行動，進入柏林並降伏普魯士，帶來痛苦的記憶。法國人用這種方式削弱德意志人，在他們之間插了一根毒刺，最後害他們得為了拿破崙而彼此為敵，巴伐利亞國王路德維希（Ludwig）對此非常感冒。他希望表現團結姿態，於是起造一處名為「英靈殿」（Walhalla）的紀念堂。紀念堂在一八四二年，紀念傑出的德意志人。無論地區、性別、階級或宗教，都可以獲得提名入殿紀念。候選人資格只有一項限制——必須是「德語裔」。巴伐利亞恐怕是對新教國家普魯士的領導權疑慮最深的德意志邦國，可就連在巴伐利亞，也有對德意志統一的浪漫渴望正在綻放。

但是，一八四八年卻也讓許多能分化德意志人的議題浮現、加劇，甚至到了未來正式建立帝國之後仍難以化解。馬克思的《共產黨宣言》其貌不揚，乍看之下不過是一小本品質粗劣、分量輕薄的單調冊子，但其中的思想卻對德意志、歐洲乃至於全世界影響深遠。社會主義與共產主義思想將成為勞工階級運動的強大驅力，甚至是一種能嚇壞菁英與中產階級的價值觀，讓他們在恐慌之下反應過度。《共產黨宣言》成為階級意識誕生的助力，而這種階級意識引發齟齬與衝突的能力，絕不亞於既有的地域、文化與宗教分野。俾斯麥與威廉都害怕共產主義的鬼魂縈繞在德意志與歐洲，而他們鎮魂的方式，都是不斷餵養防禦性民族主義；這種做法在整個十九世紀上半葉屢試不爽。

但儘管如此，一八四八年革命仍然鞏固了德意志之夢，把一面旗幟、一首國歌與一些有望成真的盼望，給了已在德意志各地成長的民族主義運動。此外，法蘭克福議會是把德意志的皇冠授予普魯士，而非奧地利，此舉形同替將來的民族國家劃出國界。多年來對於「大德意志」（Großdeutschland）與「小德意志」（Kleindeutschland）（兩者差別在於是否包含奧地利）的爭議已有定論。如今德意志民眾心理有了扎實的民族概念。也許德意志歷史沒有在一八四八年轉彎，但自由主義、共產主義與民族主義之力，已經確實轉動自己的巨輪；維也納與柏林雖緊抓自己的世界秩序，但也只能再抓二十年了。

瘋容克的崛起，一八四五—六二年

奧托．馮．俾斯麥生於命定的一八一五年，而他這輩子都跟歷史大事密不可分。他的父親卡爾是家系古老的「容克」（junker，普魯士土地貴族），家族數世紀以來都持有中豪森的莊園。他的母親威廉米妮是內閣書記之女。他從父母身上傳承了超保守的本能與卓絕的政治手腕，可說是相當奇特的搭配。卡爾與威廉米妮夫婦算是有成，但不到絕頂出眾。他們的次子，年輕的奧托年輕時對於自己的未來，乃至於社會定位並不確定。

整個一八三〇年代與一八四〇年代初期，他都過著浪蕩子的生活。大學時代的他不僅酗酒，有過不少風流韻事，愛賭博，欠下大筆賭債，但他顯然很享受這段過程。後來他吹噓自己光是在前三個學期，就跟別人鬥劍過二十八次。他在司法界、公職與軍界初試身手，然後在一八三九年決定回到父親的莊園。但是，在波美拉尼亞鄉下管事，卻很難讓他感到開心或滿足。無趣、沮喪與孤單，就是他一八三九年到一八四七年間生活的寫照。為了彌補空虛，俾斯麥縱情痛飲、打獵、到處找人上床，搞到當地人都叫他「瘋容克」（crazy junker）。一八四五年，他寫信給大學時期的朋友，抱怨道：「只有犬馬和鄉紳陪伴我，後者頗把我當回事，因為我讀字很快，（而且）總是穿得人模人樣……我抽的雪茄味道奇重，我的酒量能輕鬆放倒我的客人。」[7]他的私生活終於在一八四七年安定下來——他與性格溫順的喬安娜・馮・普特卡梅爾（Johanna von Puttkammer）結婚，喬安娜成了他一輩子的伴侶，也是他的磐石。穩下來的時間剛剛好，可以一頭栽進一八四八年革命的政治激情中。

7 Ullrich, *Bismarck*, p. 20.

一八四七年，俾斯麥之所以決定到弗里德里希・威廉四世召開的普魯士議會出任議員，只是因為原本的人選因病無法出席，人家請他遞補。這次的經驗讓他完全無法自拔，縱情於隨著政治生活而來的密謀算計與言詞交鋒。他寄信給友人，表示參政讓自己「處於無休止境的興奮中，幾乎不用吃也不用睡。」[8]他用超凡的語言天賦雕琢自己的發言，同時維持毫不妥協、極端保守的立場，迅速斬獲名聲，成為人們眼中永不退讓的天生政治人物。他證明這種看法確切無誤：一八四八年三月，柏林發生的街頭巷戰讓他大感驚慌，擔心弗里德里希・威廉四世身陷危機的他，讓一群農民配備霰彈槍前來助陣。等到國王似乎轉變立場，跟抗議者一同騎行時，俾斯麥立刻轉為反對國王，並接觸國王的弟媳奧古斯塔（Augusta），詢問假如發動政變，將她的丈夫威廉王子推上寶座，她是否支持。這件事情讓奧古斯塔永遠無法原諒俾斯麥。即便她後來真的成為普魯士王后與德意志皇后，但她一輩子都看不起俾斯麥，認為他是個不忠、陰險的政客。

一八四八年革命餘波中，俾斯麥埋首於恢復王室權威。他出馬遊說，協助成立了一家頗有影響力的保守派報社（後來改名叫《十字日報》〔*Kreuzzeitung*〕），為自己建立號召力人物的名聲。一八四九年，他再度獲選進入普魯士議會，並且在國王拒絕德意志皇冠後全心支持國王。弗里德里希・威廉四世為了回報俾斯麥的幕後操作，於是在一八五一年授命他代表普魯士，駐節德意志邦聯法蘭克福議會，這可是個大權在握的位子。他等於成了普魯士的喉舌。

俾斯麥運用職權，孤立普魯士的對手奧地利。奧地利的代表是圖恩伯爵弗里德里希（Count Friedrich von Thun），每當涉及掌控德意志邦國的議題，他都認為普魯士是小老弟。這種預設立場開始惹怒俾斯麥，他也因此經常與奧地利代表起衝突。圖恩伯爵要求普魯士主導的關稅同盟市場對奧地利開放時，衝突也達到最高峰。圖恩伯爵不帶感情地承認這麼做的話，經濟主導權就會南移，但他補充表示於理應當如此。俾斯麥斬釘截鐵地告訴他，普魯士的時代已經來了，而他無意將「我們禁得起浪的快船，跟深受蟲害的奧地利老戰艦」鍊在一起。[9]俾斯麥還不罷休，他挑戰慣例——法蘭克福會議期間，按傳統只有德意志邦聯的主席，也就是圖恩伯爵，會在席間抽菸。某天，俾斯麥跟圖恩伯

8 Ibid., p. 27.

9 Ibid., p. 39.

爵為了微不足道的禮儀問題吵了許久。吵到一半，俾斯麥從口袋裡淡定掏出一根雪茄。他以激怒人的姿態，大搖大擺走到德意志邦聯主席面前，跟他借火。這場外交挑釁引發的怒火跟樂子一樣多，而那位好鬥的容克自然是樂開懷。據幾家報社報導，一些代表本來不抽菸，但又想複製吞雲吐霧之間的那種反抗精神，於是養成了在開會時抽菸的習慣。俾斯麥咄咄逼人的風格還有另一個例子，是他跟普魯士議會裡的老對手格奧爾格・馮・溫克（Georg von Vincke）吵到不可開交之後的失控發展。一八五二年三月二十三日，溫克譁眾取寵，在開議期間嘲諷道：「（俾斯麥的）外交成就啊，我知道的就只有點菸這件事出名。」[10]等到議場裡此起彼落的起鬨與叫囂終於安靜下來，俾斯麥甚至連站都不站，繼續坐在椅子上，冷冷回懟說，溫克的爸媽顯然沒有教會他禮貌。溫克怒不可遏，向俾斯麥下戰書決鬥，至死方休。兩人都寫好遺囑，也都沒有告訴親密的家人。溫克甚至講明自己想葬在哪裡，還寫了一封惹人熱淚的信給妻子，指示友人轉交時要「婉轉」告訴她自己已逝。俾斯麥的妻子喬安娜當時有孕在身，因此他囑咐妹夫阿爾尼姆—克洛倫多夫（Arnim-Kröchlendorff），倘若厄運降臨，要幫他照顧妻子與孩子。三月二十五日拂曉時分，決鬥雙方、一名醫生與若干見證人在柏林郊區泰格爾（Tegel）的一處草坪碰頭。雙方皆信任的路德維希・馮・波德施溫（Ludwig von Bodelschwingh）預計擔任裁判。緊張的他問雙方，難道真的不能和平解決事情？溫克顯然持開放態度，但俾斯麥入戲太深，只願意接受把開槍的次數從原本的四槍減到一槍。決鬥雙方背對彼此，緩緩邁出約定好的十五步，接著轉身開槍。兩人都沒有打中目標。霎時間，波德施溫眼淚奪眶而出，要求兩位對手握手言和，既往不咎。雖然兩人都沒受傷，但此事還是為俾斯麥更添幾分惡名。

一八五三年，克里米亞戰爭（Crimean War）爆發，嚴重擾動了歐洲協調機制脆弱的和諧。隨著鄂圖曼帝國土崩瓦解，東歐與中東大片土地似乎任人強取豪奪。俄羅斯想推進這個權力真空，但遭遇法國、英國與鄂圖曼帝國殘部的激烈競爭。現在輪到普魯士得做決定了。一八五〇年，普魯士曾簽下一紙恥辱性的條約，向奧地利低頭，放棄對於德意志問題的每一項小德意志式解決方案，後人將此事稱為「奧洛摩次的戛然而止」（Punctation of Olmütz）。普魯士放棄小德意志之後，改為接受以德意志邦聯為形塑

10 Reichling.

泛德意志政策的平台。德意志邦聯的首要任務畢竟是聯防協議，而且一直是由奧地利領導，於是奧地利要求從其他三十八個邦國動員十五萬人，以支持西歐盟國，並威脅俄羅斯。普魯士與大多數德意志中小邦國認為，捲入一場無法從中得到任何收穫的戰爭，恐難有立即成效。奧地利與普魯士的權力鬥爭如今已走向公開，身為普魯士駐德意志邦聯使節，俾斯麥人就處於事件的最核心。他輕描淡寫地把奧地利的動員要求擱置一邊，給了其他小邦國依樣畫葫蘆的信心。要注意，此舉並非有意煽動德意志邦國串聯對抗奧地利，進而在普魯士領導下一統德意志。正好相反，俾斯麥的論點主軸是他身為普魯士派駐德意志邦聯的代表，他只能為普魯士的利益代言。他不會讓自己的王國捲入無益的衝突。多數小國亦有同感，於是群起仿效。奧地利孤立無援，兩大德意志國家漸行漸遠。

一八五七年，弗里德里希・威廉四世嚴重中風，王弟威廉攝政。威廉王子已經展現過自己的強硬，但他也表現出比兄長更多的政治天賦。經過一八四八年後續演變，風向已經轉變，自由主義正在抬頭。人們不再認為自由主義是大學生與激進知識分子的極端幻想，而是一種連沙龍裡的社會賢達都能逐漸接受的政治價值觀。馬克斯・馮・佛肯貝克（Max von Forckenbeck）就是自由派流行的一分子。出身傳統貴族家庭的佛肯貝克，在一八六一年成立自由主義左派政黨「進步黨」。但即便如此，民眾仍然敬重佛肯貝克，連普魯士社會上層也是如此，後來他更獲命擔任柏林市長，見證了這座德國首都在一八七〇年代脫穎而出。一八四八年實施的三級選舉制度雖然偏重上層階級，但最近幾次大選之後，自由派始終是普魯士議會的穩健多數。威廉體認到時代已經不同，一八四八年的鬼魂森然逼臨，他必須與自由派合作，才能保全普魯士王權。威廉還有另一個問題——他的兒子弗里德里希對自由主義表示支持，等於將來若有人叛亂，恐怕會奉弗里德里希為主。一八四八年革命波及柏林的時候，弗里德里希年僅十六歲，但革命在這位年輕人心裡留下難以抹滅的印記。一八五八年，弗里德里希與維多利亞女王的長女（也叫維多利亞）成婚；新娘子的父親亞伯特親王（Prince Albert）一直是一八四八年自由理念的堅定支持者，對這門婚事非常滿意。這對接近權力核心的年輕佳偶，已經準備好讓普魯士走向民主，只要時間一到，就能將德意志統一於自由旗幟之下。威廉必須在這種事情化為實際選項之前採取行動。他宣布自己願意與自由浪潮合作，也就是說，當王兄在一八六一年過世，讓自己正式成為普魯士國王那一刻起，霍亨佐倫王朝政局理應能邁入「新時代」。

俾斯麥向來都很務實，他認知到若自己想在政壇更上一層樓，成為普魯士首相，就得順著大勢走。他遞送一份備忘錄給國王（篇幅長到人稱「小書」），力陳擴大普魯士的影響力，形成德意志聯盟。但這份備忘錄毫無用武之處。俾斯麥聲名在外，人家都當他是超級保守的容克階級鬥牛犬，威廉因此在政治上不能時刻仰賴他，畢竟威廉還得說服自由派，讓他們相信如今的自己認真要推動自由派的大業。因此，在一八五九至一八六二年間，俾斯麥遭到外放，先後擔任普魯士駐聖彼得堡與巴黎公使。兩者都是要職，畢竟俄國跟法國都是大國。但這兩個駐地距離柏林也很遙遠，而威廉跟自由派是在柏林爭天下。

當時最大的問題跟普魯士的軍力有關。威廉與核心幕僚關心的是軍隊的規模與組織結構。一八一五年以降，普魯士人口已經從一千一百萬人成長到一千八百萬人，但陸軍規模始終保持在十五萬人。同時期的法軍人數是普魯士的兩倍，俄軍則是七倍。[11]如果普魯士想確立在歐洲的外交分量，軍力會是個棘手問題。此外，志願性質的地方防衛軍單位，曾在對抗拿破崙的解放戰爭中扮演要角，如今也依然是普魯士軍隊的一部分。這些志願從軍的年輕人，幾乎無一例外是出於一股理想，想要與一八一三年團結守護祖國的愛國者踏上一樣的腳步。也就是說，多數的志願軍都是自由派民族主義者，他們效忠的不是普魯士及其國王，而是他們努力建立的德意志。軍隊規模已經不大，其中又有一大票成員的忠誠度不見得可靠，不難理解威廉與眾策士對此感到不太自在。假如一八四八年的事件又來一回，那些內心希望把普魯士王國鑄造成德意志王國的軍隊成員，還會齊心協力守護普魯士的王權嗎？身為兄弟會或社團成員的他們，會為了維護舊秩序而朝同為成員的人開槍嗎？威廉希望自己的軍隊能信得過。於是，一八五九年獲命擔任戰爭部長的阿爾布雷希特・馮・羅恩（Albrecht von Roon）伯爵展開改造計畫。軍隊將逐漸擴充規模，兵役延長為三年，但最重要的一點是裁撤地方防衛軍。如此一來，就能建立一支有相當規模且忠誠可靠的武力，作為內政與外交政策的有力手段。

自由派主導的普魯士議會激憤不已，冗長的言詞交鋒過後，羅恩顯然沒有辦法威嚇或勸誘議員接受改革。議員擔心，經過一八四八年的浴血之後，調整軍隊結構的做法說穿了就是打算創造壓迫的工具。威廉也許讓人有開啟「新時代」的印象，但他的哥哥在

11 Epkenhans, p. 67.

一八四八年三月時也曾經如此，披著三色旗騎行於首都，另一頭卻謀劃著反革命。如今的自由派已經變得更有信心，他們表態反對羅恩，在一八六二年大砍軍事預算。威廉為精神崩潰所苦，考慮退位，把一切交給自由派的兒子弗里德里希。這下換羅恩驚慌失措。這名將軍立刻在一八六二年九月十八日拍了封電報給人在巴黎的俾斯麥。電文簡明扼要：「危在旦夕。速至！」

接下來的發展，預示了將來威廉與俾斯麥的關係。俾斯麥立刻趕回柏林，這既是出於責任感，也是因為他知道自己的機會終於來了。他與國王長談，過程中把自己內心的不安、自尊與情感發揮的淋漓盡致。他先天能言善道，後天又在法蘭克福、聖彼得堡與巴黎擔任外交官年間，好好打磨了這份天賦。俾斯麥對此得心應手。他噙淚力陳，告訴國王這是原則問題。假如把普魯士王位傳給王子，就等於是向自由主義、議會運作與民族主義投降。這不僅背叛了神聖的王權，更背叛了普魯士。王儲弗里德里希與國內外那些圍繞著他的人，統統都想把普魯士王冠鎔掉，改鑄成德意志皇冠。這種事情絕不能發生。威廉感動落淚，問俾斯麥願不願意幫助他拯救普魯士，俾斯麥則誓言自己忠心不二。一八六二年九月二十三日，俾斯麥成為普魯士首相。威廉一切都仰仗他。

鐵與血，一八六二—六七年

路德維希・馮・羅豪（Ludwig von Rochau）創造「現實政治」（realpolitik）一詞時，為的是想嘗試替德意志國家的自由民族主義運動提供可行的策略。他曾經參與一八三三年的法蘭克福武衛營襲擊事件（Frankfurter Wachensturm），那是一場由兄弟會成員組織，試圖突破警力，拿下德意志邦聯財庫，進而展開革命的失敗嘗試。襲擊者只有五十名學生，軍警一下子就讓他們潰不成軍。羅豪本人逃往法國，流亡當地十年。一八五三年，他寫了《現實政治原則》（*Grundsätze der Realpolitik*）一書，把自己從該起事件中的經歷，以及一八四八年革命失敗所得到的教訓寫在書裡。他主張，靠理想或暴力行動，是無法成就進步改變的。態度要現實，才能前進。重點不在手段是否合乎道德，重點是盡可能靠近目標。他提議，就德意志自由主義與民族主義而論，就算跟既有社會菁英合作實在令人難以下嚥，也還是得合作。他主張革命與高道德原則永遠無法帶來實際改革，方法要現實，要腳踏實地，才能往前。極端保守的俾斯麥，那個跟自由主義水火不容的俾斯麥，居然成為歷史上現實政治的典範？實在不無諷刺。

俾斯麥一獲命擔任普魯士首相，立刻著手解決國會關於軍事改革的衝突，也就是幾天前讓威廉瀕臨崩潰的衝突。一八六二年九月三十日那段關於鐵與血的知名演說，就是發生在這個脈絡中。他聲明，就算議會不同意，他也會推行計畫中的軍事改革，包括承平時的軍隊人數從十五萬提升到二十二萬。他主張：

德意志對於普魯士的期待不在其自由主義，而在其實力；巴伐利亞、符騰堡、巴登縱情於自由思想，但誰都不會讓他們扮演普魯士的角色……眼下的大哉問若想做出決斷，不能靠演講跟多數決——一八四八年與一八四九年的大錯就是這樣——而是要用鐵與血。[12]

俾斯麥簡直就是以「該這樣做」為由，作為自己打破憲政規矩的理據。他認為自由主義就是知識分子的新潮玩意兒。解決事情不是靠想跟說，是靠行動。自由派報刊以憤怒的洪流回應俾斯麥的名言，但信心十足的首相根本充耳不聞。對於軍事改革，俾斯麥堅持己見，持續在沒有議會預算支持的情況下推行。直到一八六六年，議會才終於兩手一攤，通過《償付法案》，追認先前的軍事開支。俾斯麥唯一的讓步，就是對自由派承諾下不為例。他會尊重普魯士憲法，尊重國會的預算審議權。大多數政治人物都認為「憲法是人人均應遵守的根本大法」，連國王也做如是想，結果到了俾斯麥手裡，他卻把這種想法當成討價還價的籌碼。

俾斯麥全無政治道德可言，只要有利於己，他就能跟敵人做朋友，而這種能耐正是他的另一個正字標記。他意識到，自由主義者與社會主義者雖然在一八四八年並肩作戰，但兩者動機大不相同，因此他設法讓兩股潮流分道揚鑣。他與社會民主運動奠基之初的關鍵人物斐迪南·拉薩爾（Ferdinand Lasalle）數度會面，並長期與他在檯面下保持對話。拉薩爾身為社會主義者與民主派，他跟俾斯麥的觀點與目標離得不能再遠，但俾

12 *Otto von Bismarck, Reden 1847–1869* (Speeches, 1847–1869), ed., Wilhelm Schüßler, vol. 10, *Bismarck: Die gesammelten Werke* (Bismarck: Collected Works), ed. Hermann von Petersdorff. Berlin: Otto Stolberg, 1924–35, pp. 139–40. Translation: Jeremiah Riemer.

斯麥仍使出渾身解數，讓拉瑟爾參與對話。檯面上，雙方都三緘其口，畢竟各自的政治圈都不能接受這種與階級敵人稱兄道弟的做法，但謠言還是迅速流竄。自由派嚇壞了，以為爭取進步改變的潛在盟友倒戈了。這種啞謎讓佛肯貝克主導的進步黨自由派，以及如今由俾斯麥的老對手溫克主導的民族自由黨（National Liberals）雙雙感到挫敗與孤立，這也讓他們在接受俾斯麥的政治協議前猶豫再三。這就是現實政治的進行式。

俾斯麥在外交政策上也採用類似的戰術，不以道德為依歸。一八六二年十月起，他兼任首相與外相。一八五九至一八六二年間，他駐節俄國與法國時就已經給人帶來鮮明的印象。駐巴黎時，他與一八五二年登基的法國皇帝拿破崙三世結識，兩人相處融洽。俾斯麥也跟班傑明・狄斯累利（Benjamin Disraeli）在倫敦見過面，當時是一八六二年，狄斯累利是反對派領袖；奧地利與普魯士為了稱霸德意志將不免一戰，而俾斯麥顯然跟狄斯累利開誠布公談過這件事。狄斯累利後來警告奧地利公使，「要小心這人，他說到做到。」[13]俄羅斯也認為要認真看待普魯士，與之保持友好關係。克里米亞戰爭期間，俾斯麥之所以強烈反對支持奧地利，多少也跟這有關。疏遠俄羅斯無助於普魯士在中歐擴張勢力。他必須讓歐洲大國相信普魯士是個逐漸茁壯的盟友，而非過於強大的敵人。一八六三年，波蘭發生一月起義（January Uprising），結果遭到俄軍殘酷鎮壓。俾斯麥毫不猶豫，展現普魯士對此絕對支持。雖然起義發生在俄羅斯國界內，而且對付起義者的完全是俄羅斯軍隊，但根據一八六三年二月簽署的「阿爾文斯勒本協定」（Alvensleben Convention），兩國同意合作鎮壓波蘭民族主義。但這也等於俾斯麥認可俄軍在戰鬥中殺害成千上萬人，處死一百二十八名政治犯，並且將大約一萬名男女老幼流放到西伯利亞的做法。議會再度暴跳如雷，向國王上訴此事。俾斯麥幾個月後就取消了與俄羅斯的這項協議，不跟議會爭，但此時起義已遭弭平，銘感五內的俄羅斯也跟普魯士內閣交好。英國亦表明，只要歐洲協調機制持續奏出和諧的曲調，普魯士的擴張也不至於不能接受。因此在同年稍晚，奧地利試圖透過德意志邦聯的改革為自己增添籌碼時，俾斯麥輕鬆就阻止了事情的發生。對於其他三十七個邦國而言，現在跟隨普魯士的領導才合理，畢竟普魯士是個前景看好的德意志大國，有威風凜凜的新軍，還有歐洲的大力支持。

13 Weintraub, p. 395.

普魯士確保德意志邦國與歐洲各國支持後，擴張領土的時機也就成熟了。一八六三年十一月十八日，丹麥國王克里斯蒂安九世（Christian IX）決定簽署一份文件，將什列斯維希（Schleswig）實質併吞為丹麥領土，而此舉可謂正投俾斯麥所好。地處德意志地區極北的什列斯維希與霍爾斯泰因（Holstein）兩公國，向來是兵家必爭之地。霍爾斯泰因以德語人口為主，於一八一五年成為德意志邦聯成員。什列斯維希則有為數可觀的丹麥裔少數，與丹麥形成共主聯邦，且一直沒有加入德意志邦聯。一八一五年參與維也納和會的大國都同意這種折衷處理，因此克里斯蒂安在一八六三年採取的行動引發廣泛關注。俾斯麥的反射動作是訴諸法蘭克福的德意志邦聯，採取聯合防衛機制，派兵至霍爾斯泰因。邦聯同意，並派出出身薩克森與漢諾威的邦聯士兵以保護霍爾斯泰因（薩克森與漢諾威是距離霍爾斯泰因最近的兩個邦國），此舉也等於是對丹麥發出明確信號。與此同時，普魯士與奧地利密謀占領什列斯維希，以迫使丹麥國王撤回對該地的領土主張。兩國正式要求德意志邦聯允許此事，但問題在於霍爾斯泰因是德意志邦聯的一部分，但什列斯維希不是。無論出於什麼原因而行軍事占領，都很像入侵，很難知道歐洲大國會如何反應。德意志邦聯居然反對這兩大宗主，否決了這項要求。巴伐利亞與薩克森甚至否決奧地利經由其國土運送物資與部隊的權利。甚至有人說，假如普魯士與奧地利派兵到什列斯維希，則駐霍爾斯泰因的邦聯軍隊將與之一戰。俾斯麥沒有膽怯。他揭穿紙老虎的真面目——一八六四年二月一日，普魯士與奧地利軍隊從霍爾斯泰因出發，渡過艾德河（River Eider），進軍什列斯維希。

看到奧地利與普魯士一同進兵，讓外界以為包含了奧地利與普魯士的「大德意志」解決方案燃起新希望。兩軍皆佩掛白臂章作為盟友的識別，也喚起了一八一三至一五年間，業已浪漫化的解放戰爭中有過的同袍情誼。聯軍迅速擊敗丹麥，威廉·坎普豪森（Wilhelm Camphausen）等隨軍畫家也傾力用自己的畫作來頌揚此次軍事行動。他的《普魯士軍進攻阿爾斯島，一八六四年》（*Die Erstürmung der Insel Alsen durch die Preußen 1864*）在一八六六年發表，呈現英勇的普魯士軍隊擊敗膽怯的丹麥人。一八六四年十月三十日的維也納和會上，丹麥撤回對什列斯維希與霍爾斯泰因的所有主張。兩地將由普魯士與奧地利共管，直到這兩大德意志國家在一八六五年簽訂「加斯泰因協定」（Gastein Convention），將什列斯維希分配給普魯士，將霍爾斯泰因分配給奧地利。儘管過往幾十年負面的德意志二元關係（German dualism）有望和平化解，但泛德和諧還是未能長久。一年後，普魯士與奧地利為爭奪德意志霸權而開戰，人稱德意志戰爭（German War）。

一八六六年春，德意志兩強都在試圖與外國祕密結盟，締結保證協議，希望讓對手陷入重圍。奧地利並不走運，俾斯麥已經在英國、法國、俄羅斯與義大利結交強大的盟友，有信心能一攤牌即獲勝。等到奧地利主張法蘭克福的德意志邦聯應該重新審視什列斯維希—霍爾斯泰因問題的安排，驗證底牌的機會就來了。俾斯麥立刻高喊犯規，於一八六六年派普魯士軍隊進入奧地利占領的霍爾斯泰因。奧地利運用自己在德意志邦聯內的優勢，集結巴伐利亞、符騰堡、漢諾威、薩克森、巴登、黑森、拿騷（Nassau）、薩克森—邁寧根（Saxony-Meiningen）、列支敦斯登、羅伊斯（Reuß）與法蘭克福等大邦國的力量。多數北、中德意志小邦則與普魯士同一陣營。關鍵是，俾斯麥也在一八六六年四月確保義大利的支持。

不過幾個星期，德意志戰爭就在一八六六年七月三日的柯尼希格雷茨戰役（Battle of Königgrätz）分出勝負。戰後，《布拉格和約》（*Peace of Prague*）讓奧地利大致保有原本領土（奧地利必須將維內托地區割讓給義大利，作為義大利協助普魯士的回報），但這項和約對於普魯士與將來德國的形成卻有無遠弗屆的影響。普魯士無情兼併東西領土間的漢諾威、黑森、拿騷與法蘭克福等較大邦國之後，終於能把國土的鴻溝闔上，統治了東起美麥河（River Memel，編按：尼曼河），西至萊茵河的大片歐陸土地。普魯士也宣告德意志邦聯不具法律效力，徹底終結奧地利在德意志土地上的霸權。

一八六六年，普魯士為了將影響力深入甫併吞的邦國中，而成立了軍事聯盟北德意志邦聯（North German Confederation）。二十二個成員國全部位於美茵河（River Main）以北。俾斯麥提議讓南方各邦國有機會成立自己的南德意志邦聯（South German Confederation），希望能進一步孤立奧地利。符騰堡與巴登唯恐成立南德意志邦聯之後得對巴伐利亞俯首稱臣，此事最後因此不了了之。與此同時，北德意志邦聯則在一八六七年二月舉行選舉，成立議會，起草各成員國一體適用的憲法，並於四月時以二百三十票對五十三票通過。俾斯麥在七月十六日時理所當然成為首相。這整套安排只是權宜之計，畢竟俾斯麥想看南方邦國會如何反應，以及若形成一個相當於聯邦制的北德意志國家，法國會不會反對。無論如何，產生的結果都挺有民族國家的樣子。邦聯通過了新旗幟，結合歷史上北德意志漢薩同盟（Hanseatic League）的紅白旗幟與普魯士的黑白代表色，成了黑、白、紅三色旗。關稅同盟經過重組，變成一套相對統合的經濟體系，並與南方各邦國組成防衛聯盟關係。俾斯麥向拿破崙三世保證，他只是想重建美茵河以北地區的鬆散聯邦協議。話雖如此，從德意志戰爭中浮現的卻是一個穩固的政治同盟，加上經濟與國防的鏈結，讓「小德意志」解答唾手可得。現在只需要俾斯麥再來一條無情計策，就能一口氣解決法國的反對與南德意志的不情不願。

帝國誕生，一八六八—七一年

遲至一八六八年，俾斯麥尚無法把德意志的統一，視為不久後的將來可行的選項。一八六六年，奧地利—普魯士「兄弟之戰」（Brothers' War）的決定性結果出爐後，法國憂慮情緒高漲，南德意志國家也仍然不願意與北德意志邦聯締結經濟、軍事協議以外的關係。俾斯麥與符騰堡軍需總監祖科（Suckow）交談時承認：「我覺得，要是德意志能在十九世紀達成其民族目標，那可是件大事。」[14]因此，一八六六至一八六九年間，俾斯麥致力於鞏固北德意志邦聯，讓這個新的權力團塊能穩居歐洲中心。一八六七年，俾斯麥公開先前與南德意志各邦國簽訂的祕密防禦協定，以此做為對奧地利與法國的強烈信號，讓兩國知道若挑戰一八六六年普魯士對外擴張的成果，就得面臨一支全德意志大軍。

對內，俾斯麥與北德意志議會忙著打造一輛經濟與政治火車頭，希望假以時日能讓巴登、符騰堡與巴伐利亞拜倒於石榴裙下。北德意志邦聯憲法（泰半出於俾斯麥手筆）納入了一八四八年的理念，授予成年男子普選權，各邦國之間也有遷徙自由。憲法亦有定商業規範，實施單一的刑法法典，並統一度量衡。以前，地區差異經常造成混亂與爭議。打個比方，假如巴伐利亞的布商想從不倫瑞克找些特別的料子，恐怕會碰上費解的算術難題，被打個措手不及。假如他跟人家買長度一「肘」（Ell）的布，人家會送來五十七公分長，但同一個單位在巴伐利亞指的卻是八十三公分。北德意志邦聯有了一致的法規，加上手中龐大的資源，已經準備好成為新興歐洲國家了。反正大勢如此，俾斯麥並不急著立刻統一德意志。他深知不能勉強南方各邦國組成聯盟，畢竟防禦性民族主義

14 Ullrich, p. 71.

情感是他在世時唯一能促成泛德意志合作的手段。想透過戰火鑄造一頂德意志皇冠，還欠一個外敵，但俾斯麥無須為此捨近求遠。

俾斯麥需要有一場衝突，能讓普魯士彷彿是受害者。一八六九年，完美的契機從出人意料的地方冒出來。一年之前，西班牙女王伊莎貝拉二世（Isabella II）遭到推翻，但各方一直沒有找出合適的繼位者；霍亨佐倫家族的利奧波德（Leopold）因為與葡萄牙公主安東妮亞（Antónia）結婚，因此成為考慮的對象。霍亨佐倫家族的人若登上西班牙王座，法國就會被普魯士控制的地方團團包圍，這一點法國人絕對無法接受。俾斯麥也知道他們不會接受。一八七〇年夏，霍亨佐倫家族被正式徵詢是否願意坐上空缺的西班牙王座，俾斯麥可得把握這個機會。利奧波德猶豫不決，何況威廉一世與自己的父親卡爾．安東．馮．霍亨佐倫（Karl Anton von Hohenzollern）對於是否接受一事也很謹慎。拿破崙三世已經清楚表明，他絕不會坐視普魯士與霍亨佐倫家族把勢力伸入西班牙。他在公開場合與私底下都說過，這對他來說等於破壞歐洲權力平衡，而他個人則會認為這是對法蘭西尊嚴的羞辱。換句話說，霍亨佐倫家族取得西班牙王位，就等於要開戰，但俾斯麥就想要戰爭。法國若無緣無故攻擊普魯士，就能觸發北德意志邦聯與南方各邦之間的防禦協定，意即有機會將德意志鎔鑄為由普魯士主導的集團。可憐的利奧波德就這麼成了拿破崙與俾斯麥政治博弈中的卒子。

經過在馬德里的一番政治操作後，利奧波德突然在六月十九日正式接受候選資格。俾斯麥在表面上必須跟此事毫無瓜葛，於是他前往自家位在人跡稀少的鄉下法爾欽（Varzin）的莊園裡避靜（威廉為了獎勵他挑起對奧地利的衝突且戰勝，賞了他四十萬塔勒〔Thaler〕，法爾欽莊園就是用這筆錢買的）。想到這位工於心計的容克，坐在法爾欽的扶手椅上，等著自己的計畫展開，畫面實在頗有趣味。話雖如此，他的戰爭遊戲造成的結果卻是嚴重而深遠。霍亨佐倫家族成員候選一事遭到洩露，媒體在比預期更早的七月二日披露消息，完全出乎法國民眾的預料。法國政府不敵受傷的自尊心，在氣頭上做出反應，就這麼踩進俾斯麥的陷阱裡。法方聲稱此事是刻意侮辱法國尊嚴，也絕不會接受利奧波德的父親提出的撤回候選資格的提議。俾斯麥對此相當滿意，火藥已經堆好了，只差一點火星就能引爆。

俾斯麥用來點燃局面的火星，堪稱他最惡名昭彰的計謀之一，人稱「埃姆斯密電」（Ems Telegram）。法方不只要求威廉一世撤回利奧波德的候選，還要表明霍亨佐倫未來絕不會聲索西班牙王位，並公開表示他並非有意傷害法國尊嚴。以歐洲外交準則而論，這些要求也太過分了。即便冷靜的威廉本來就對這件事情沒什麼興趣，也不可能接受這種要求，公開向法蘭西王座下跪。他客氣地回絕了法方的要求，並要求俾斯麥拍電報給法方時措辭要安撫對方，又不至於讓普魯士示弱。俾斯麥很擅長這種事。他也答應了。問題在於他是為了引發戰爭才操弄整個局面，眼下正是收網捕魚的時機。他反而讓電文措辭尖銳，彷彿威廉將法國大使貝內德狄（Benedetti）召見到埃姆斯溫泉鎮（Bad Ems），然後斷然而無禮地把他趕走。他知道法方情緒已經很緊繃，現在由他來火上澆油。為確保萬無一失，確保政府裡鴿派不會占上風，他把爆炸性的電文洩露給媒體。拿破崙三世及其內閣完美演出了俾斯麥安排給他們的角色，如今他們已經被逼到角落。憤怒的法國民眾要求皇帝採取行動，別無選擇的拿破崙三世只能在一八七〇年七月十九日宣戰。

在民眾眼中，普魯士顯然是受害者。北德意志邦聯的首相在自己的鄉間莊園安分度假，普魯士國王則是在埃姆斯溫泉鎮放鬆身心，法國的敵意卻愈發高張……全歐都看在眼裡。不會有哪個歐洲大國對法國伸出援手，南德意志邦國對普魯士也深表同情。防禦性民族主義的滾燙熱火再次點燃，普魯士與美茵河南岸國家的軍事協議也得到實踐。法軍人數不夠，準備不足，根本無法與即將出現的全德意志大軍抗衡。一八七〇年九月二日，決戰在色當（Sedan）爆發，拿破崙三世被俘。勇敢的法國抵抗軍又撐了一段時間，但從一八七〇年十二月起，巴黎遭到幾無間斷的砲轟，顯然這就是最後一擊了。

一八七〇年九月的色當戰役與接下來一連串軍事勝利過後，民族情緒的醉人浪潮席捲了整個德意志。俾斯麥利用這股不常有的氛圍，邀集各邦國領袖齊聚一堂，商討建立聯邦制的德意志民族國家。十一月，南德意志國家加入北德意志邦聯，並同意新的聯邦應更名為「德意志帝國」（Deutsches Reich）。威廉本人態度依然猶豫。他沒辦法像巴伐利亞國王路德維希那樣，放棄自己深愛的普魯士王冠。俾斯麥再度插手。他祕密賄賂路德維希，並起草一封致威廉的信，假裝寄信者是路德維希，內容則是向威廉獻上德意志皇冠。即便如此，威廉還是不情願，費了好一番功夫好說歹說，他才正式接受德意志皇冠。他堅持自己的頭銜不能是俾斯麥計畫中的「德意志皇帝」，而得是「威廉皇帝」，顯見他對於化普魯士為德意志的想法是多麼難以接受。

這個新民族國家將在一八七一年一月一日上路，但正式宣告建國需要更有象徵意義的日期。時間最近、最合適的紀念日是一月十八日。一七〇一年一月十八日，布蘭登堡的弗里德里希三世（Friedrich III）登基成為普魯士的弗里德里希一世，將各自獨立的領土合為更強大的整體。在戰勝死敵法國的餘韻中，精心雕琢的民族敘事讓人不得不服。德意志帝國在凡爾賽宮宣布成立，德意志之地一片洋洋喜氣。

第二章

俾斯麥的帝國

Bismarck's Reich 1871–1888

法律好比香腸——最好別看製造過程。

——俾斯麥

嶄新的帝國：成立與制憲

一八七一年一月十八日，德意志帝國成立。安東・馮・維爾納（Anton von Werner）的畫作呈現出典禮的場面，但實際情況卻跟畫作帶給我們的印象大相逕庭，儀式過程其實很短、很直截了當。鏡廳的空間金碧輝煌，長達七十三公尺，是凡爾賽宮前幾大的房間，但鏡廳寬度偏偏只有十點五公尺，因此也是個很狹長的房間。來自北德意志邦聯與南德意志邦國的士兵擠在靠窗的那一側，軍官則站在對側的鏡子前面。威廉與德意志王公從鏡廳一端的高門入廳時，只剩下一條狹窄的過道可走。畫家維爾納在場，仔細觀察德意志皇帝與隨員，看著他們走向搭建於鏡廳中間的小祈禱壇。簡短祈禱畢，一行人繼續走到底，那裡已經搭了一座平台。威廉皇帝站在台上中央，左右是其他德意志王公。俾斯麥接著以隆重而沉悶的口氣，宣讀德意志帝國成立宣言。讀畢，巴登大公高呼：「威廉皇帝陛下萬歲！」（在維爾納畫中，可以看到威廉身旁舉起手的就是巴登大公。這幅畫的每一個版本都有出現巴登大公，畢竟一開始就是他把畫家引介給霍亨佐倫家族。

維爾納畫的《德意志帝國於凡爾賽宮成立》第三版，一八八五年為慶祝俾斯麥七十大壽而繪製。

維爾納與儲君弗里德里希關係也很好。）軍官與士兵也應聲高呼「萬歲」。因為士兵站在打開的落地窗邊，集合在庭院內的部隊便立刻接著歡呼，聲音的漣漪席捲了人群。

前述場面的規劃，其實透露出不少甫成立的德意志帝國所具有的特質。選擇在異國土地上正式宣布成立新國家，似乎不太尋常。然而，俾斯麥深知若選擇德意志土地，無論地點在哪，都會有獨尊一國的風險，恐怕會損害眼下脆弱的統一。唯一能結合美茵河以南四邦國與北德意志邦聯的方法，就是又一次「拿破崙式」軍事占領的威脅。漂亮、迅速擊敗法國帶來了舉國歡騰，而這種情緒必須維持下去。因此，連統一儀式本身的宗旨，也都在於提醒德意志諸王公莫忘將皇冠獻給威廉的原因。鏡廳的天花板何其壯麗，更將路易十四美化為德意志的征服者，對於一場慶祝德意志與法蘭西國運風水輪流轉的儀式來說，堪稱是最完美的背景。更有甚者，成立典禮的規劃與描繪，都是一場徹底的軍禮儀式。俾斯麥、皇帝與王公統統穿著軍服，與士兵和軍官一同慶祝一個民族國家的奠基——完全沒有平民在場。這跟自由派夢想中的民主統一大相逕庭。在凡爾賽現場，沒有任何東西能讓人想起一八四八年，沒有三色旗，也沒有〈德意志之歌〉，純粹只有在受辱的敵國之中樞奏軍樂，行禮如儀。俾斯麥所言不虛，德意志帝國不是靠演講跟多數決，而是靠鐵與血鑄造的。

從立國之初起，德意志帝國就是歐洲一股難以抵擋的力量。憑藉轄下四千一百萬人，德意志帝國一夜之間就成了西歐最大國家。法國（三千六百萬人）、英國（含愛爾蘭有三千一百五十萬人）與奧地利（三千六百萬）憂心忡忡看著脆弱的權力平衡徹底失衡。從地理範圍看，新國家同樣堪稱巨人。俾斯麥無情利用普法戰爭的勝利，兼併亞爾薩斯和洛林。這兩省的德語、法語人口彼此雜處，而民族主義運動者關注前者已久。俾斯麥私底下一再表示兼併兩省之舉殊為不智，認為這只會造成無法與法國和解，導致初生的德意志民族國家從立國之初就暴露在外國的敵意之中。另一方面，流行的看法卻是至少要把亞爾薩斯併入德意志帝國，畢竟其語言與文化組成都是以德裔占壓倒性多數。俾斯麥最後斷定德法之間的「世仇」（Erbfeindschaft）無法避免，再多一項領土爭議也無關緊要。此時，二十五個德意志邦國東起美麥河，西至萊茵河以外，北有大海，南有阿爾卑斯山，是名符其實的德意志帝國。

由於新德國的軍武底蘊、版圖大小與國土形狀如此懾人，俾斯麥得盡力向有疑慮的國家保證：德國是個進步而和平的國家。為了達到這個目標，他設計出一套政治架構，平衡德國與歐洲的眾多利益衝突。這套架構難免有嚴重的缺陷，遭到後世史家代代批判，但這是後見之明。所謂的「特殊道路」（Sonderweg）理論，也就是「德國遵循著一條與其他歐洲國家有別的歷史道路前進」的說法，如今已聲敗名裂。話雖如此，許多人仍然認為俾斯麥的德國是通往希特勒與大屠殺的直線。甚至連麥葛瑞格等深耕德國史領域的泰斗，也把一八七一年描述成「墮入」未來七十五年「黑暗時代」的起點。[1]打贏第二次世界大戰的同盟國決定廢止普魯士作為德意志邦國的建制，此舉彷彿驅魔，卻也導致「普魯士主導的德國無可避免通往納粹」的迷思持續下去。這種敘事不僅過度簡化，沒有考慮歷史脈絡之複雜，更是把個人當成歷史浪潮中的過客，只能任由歷史事件擺布。俾斯麥得在無數的利益衝突中找出最小公分母，堪稱不可能的任務，而他的憲政體制維持了四十七年，這絕對是了不起的成就。當然，這套體制有其固有缺陷，但不至於讓德意志必然踏上通往戰爭與種族滅絕的道路。

一八七一年三月三日舉行的大選，是為了成立史上第一個全德意志議會。二十五歲以上的男性都能投票，沒有財產或身分限制。常常有人主張俾斯麥之所以會授予成年男子普選權，都是因為他希望泰半仍來自鄉村、觀念傳統的德意志人會選出一個保守的議會，而保守的議會才能編出一部符合俾斯麥政治口味的憲法。事實上，德意志的國家組成早已定案，俾斯麥也很清楚近來的統一進程，帶來的只會是民族自由派的勝利。不出所料，民族自由黨以百分之三十二點七的選票贏得大選，但這對俾斯麥倒也不是壞事。由於民族自由黨的力量基礎在普魯士，俾斯麥要打交道的對象基本上就是他在北德意志邦聯合作過的人，也因此各方都很清楚新憲法跟北德邦聯憲法差異不會太大。一八七一年四月十四日，議會以壓倒性多數通過了憲法。俾斯麥說了，德意志已經「上了馬鞍」，現在只需要學怎麼騎馬。

這套制度試圖安撫所有利益團體，保持平衡極為不易，但帝國卻是靠這套制度在支撐。德國理所當然是以聯邦形式組成，二十五個個別的邦（Länder）握有相當大的權力。然而在過程中，俾斯麥也極力

1 MacGregor, p. 375.

1871年帝國憲政體制

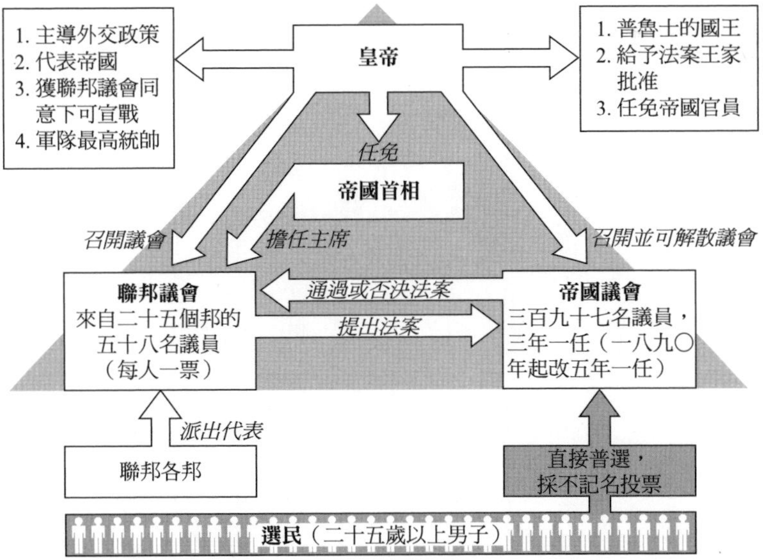

保有普魯士的核心地位，他也這麼答應過威廉，結果就是兩院制結構，普魯士國王將永遠是結合各邦的德意志皇帝。此外，普魯士在上議院——聯邦議會（Bundesrat）握有十七票，但議會若要否決法案，只需要十四票。議會有各邦代表，人數與邦的大小有關。對普魯士而言，這是一套內建的政策保險，其他各邦即便全數同意，也不足以通過對普魯士不利的法律。此外，皇帝是正式國家元首。不僅所有立法都要有他的批准，他也是軍隊的最高統帥。由於皇帝的位子永遠掌握在普魯士國王手中，這樣的安排等於讓普魯士在聯邦中獨霸。不過，各邦在議會都有代表，對南方各邦國來說，這樣的論壇似乎就足以讓它們留在帝國內。自俾斯麥的巧妙統一以來，嚴重且長期的群眾性國土分離運動至今仍未發生。

民主與世襲王權間在另一件事情上還得取得妥協。凡爾賽宮那場儀式，是刻意作為後者的大秀來規劃的。當年弗里德里希．威廉四世之所以拒絕接受一八四八年革命者奉上的德意志皇冠，是因為他說這皇冠是從「陰溝」裡來的；如今德意志王公集體向他弟弟獻上的皇冠，看起來就順眼多了。此外，史家往往從現代的、共和的角度來看待這場帝國成立儀式，認為這是一批威壓他人的舊菁英因為不想為進步讓步而策劃的陰謀。其實，君主統治仍然是當時歐洲的常態，大多數人也認為由上而下的決策過程既妥切而適宜。儘管實施成年男子普選，但在一八七一年三月的首次大選中，卻只有百分之五十多的合格選民出門投票。有人主張投票率低，是因為德意志人對於新制度有所懷疑，但其實只是因為當時的民主制度、政治化與都市化程度尚不成熟，還需經過幾年的漫漫長路，才能達到後來的水準。社會大體上仍然是傳統的、鄉村的。總之，實施成年男子普選的做法既能安撫自由派與早期的社會主義者，又不至於太過威脅菁英；但在一八七一年看似有效的藥方，卻在一八八〇年代纏上俾斯麥，等著他的是與議會之間無止境的抗衡。

帝國議會（Reichstag）是下議院，民眾在前述大選中選出的代表在此入座。由於大多數菁英依舊認為這是群眾政治，俾斯麥也想避免，因此對於放權予下議院極為謹慎。因此，帝國議會無法展開立法程序，皇帝甚至可以隨時解散之。也就是說，帝國發展的方向是由首相與皇帝主導。首相或君主皆無須對國會負責；首相只對皇帝負責，而皇帝只對上帝負責。然而，想要通過法律與關鍵的預算事務，就少不了帝國議會的批准，因此俾斯麥必須起草相應的法案與開支計畫，而他往往得讓步才能得到議會首肯。原則上，立法部門與行政部門間的討價還價，是民主制度健全的跡象，但這種拉鋸往往令首相感到灰心。不過，實際上占上風的往往也是俾斯麥，他使出落淚譴責、出手霸凌、裙帶關係等招式，用各式各樣的爭議戰術，讓法律得以通過。據傳他曾說「法律好比香腸——最好別看製造過程」，假如此話真出自於他，那他還真的是以此為從政的座右銘。

這套體制的弱點，泰半源於德意志帝國本有的矛盾，而非俾斯麥罔顧憲政程序而故意為之。真的有辦法能留住全體二十五個邦國，卻不至於犧牲普魯士的力量嗎？又想要民主，又希望菁英對於決策的獨占不會受到威脅，這怎麼可能呢？保持平衡並不容易，但鐵首相巧妙掌握著分寸。俾斯麥無法讓長期分裂德意志民族的文化裂痕就此消失，區域忠誠、文化、風俗、口音、宗教、歷史以及（日漸增加的）社會地位差異終將消退，由精心建構的民族觀念取而代之。但德意志民族認同需要時間，需要大量的鐵與血，才能開始走向成熟穩定。

同床異夢：俾斯麥與民族自由黨

一八七一至一八七八年，俾斯麥與民族自由黨相互合作，人稱「自由年代」（Liberal Era）。一九一八年，幡然醒悟的馬克斯・韋伯（Max Weber）寫道：「從來沒有哪個政治家……的合作夥伴這麼好拿捏。」[2]社會學家兼哲學家韋伯對於自己生活的時代有著鞭辟入裡的觀察。他經歷了恐怖的、工業化的第一次世界大戰，並且在慘痛的最後階段提筆為文，反思德意志自由主義是否出了錯，又是哪裡出了錯，而他的話堪稱一針見血。民族自由黨於一八六七年成立時，黨員的態度都很實際，志在打破俾斯麥與議會之間在所謂「憲政危機」中的僵局。進步理想主義者要求為北德意志邦聯制定更加自由、民主的制度，但俾斯麥拒不讓步。民族自由黨認為最好跟鐵首相合作，在民意依然大力

2 Max Weber, 'Reflections on Co-operation between the National Liberals and Bismarck during the 1860s and 1870s' (May 1918).

支持自己的情況下盡可能實現自由改革。一八七一年德意志帝國成立時，上述情勢並未改變，而選民顯然也很歡迎折衷的立場。民族自由黨在史上首次大選成為最大黨，擁有絕佳的協議潛力。但韋伯慧眼獨具，看出俾斯麥的人格魅力與掌控風格讓體制居於下風，而俾斯麥身為政治天才的聲譽也讓自由派難以喘息，被迫轉為壓力團體，而非立法夥伴。韋伯本人是自由民族主義者，他體認到在雙方合作年間爭取並贏得多少成就，但他也坦承自由派恐怕太容易就給予俾斯麥所需的支持了。

回想一八四八年革命期間，自由派跟普魯士貴族之間那種深仇大恨——當年，俾斯麥一聽到柏林街頭巷戰的消息，馬上自動武裝地方農民，可謂雙方水火不容的最佳範例，實在很難想像兩派的政治目標居然能達成一致。但他們在一八七一年確實做到了，而且原因不難理解。民族主義再度展現其凝聚潛力。憲法得到批准後，俾斯麥在一八七一年春季的下一個任務是著手整合新國土之內的經濟基礎建設，進而成立貨真價實的共同市場。民族主義者多半和韋伯一樣，是堅定的資本主義者、愛國者、普魯士人、新教徒，也是新興中產階級的一分子。德意志經濟體在整合之後，將會有共同的貨幣、度量衡、銀行體系、基礎建設網與遷徙自由，這不僅稱了民族自由派的心，也如了帝國首相的意——俾斯麥希望透過這一切，讓普魯士的觸手得以伸向甫統一的各邦。雙方的聯手多少有點各懷鬼胎，但成果卻相當豐碩，幫助俾斯麥在一八七〇年代初期通過了多數的立法，並且為帝國經濟打下基礎。他們聯手通過了一套標準的民法、刑法，整個帝國一體適用。他們促成採用金本位制，並廢除所有內部關稅，刺激了經濟。社會與經濟成長隨著基礎建設的投資而來，例如從一八七一到一八九〇年，鐵路網成長了一倍，不只貨暢其流、物盡其用，民生交通更是不在話下。都市化、就業流動乃至於初期型態的通勤，意味著人們不斷移動、交融，進而克服地區差異。同時間成立的還有帝國銀行（Reichsbank），協助貨幣的流通與監管。由於俾斯麥與民族自由黨都是新教徒，在打壓德國天主教時合作特別愉快，自由派也成了俾斯麥在所謂「文化鬥爭」（Kulturkampf）時的可靠盟友。但當然了，這種同床異夢的情況不會持續太久。自始至終，民族自由黨跟俾斯麥在帝國議會中唇槍舌戰是免不了的，但前者卻是到了一八七四年的軍事預算危機時，才第一次拒不退讓、堅守底線。

雖然皇帝掌握軍事指揮權，但軍費卻必須經帝國議會同意。前一次爆發軍費衝突是一八六二年，威廉差點為此退位，後來也是因此才任命俾斯麥為首相。但這一回俾斯麥極力想避免場面再度上演，因此已有妥協的準備。對於俾斯麥的非法軍事改革行動，議會在一八六六至六七年與他達成和解，追認改革合法，而這位容克得承諾自己未來會尊重憲政體制，並且在一八七二年重新請求議會核准軍費。然而，他就是忍不住利用普法戰爭，再度把預算的合法性問題拖延到一八七四年。眼下事情再也不能拖延，俾斯麥於是採取不同的戰術——他直接把協商的地板推到頂。他提出一份草案，提議採用所謂的「一勞永逸法」（Eternal Law）。也就是說，他試圖持續為四十萬人的常備軍撥款，而無須帝國議會進一步批准。永遠不用。這真是瘋狂。這筆金額相當於聯邦總支出的百分之八十，而預算是帝國議會實際上僅有的政治制衡手段，此舉等於讓議會只剩兩成功力。俾斯麥當然知道人家不會接受，但這也代表民族自由黨必須大幅位移，才能跟他達成共識。經過一番唇槍舌戰後，議員們勉強要求軍事預算每年都要重新審核，而俾斯麥則威脅解散議會，並重新選舉。民族自由黨不敢挑戰俾斯麥的虛張聲勢，只好妥協，同意所謂的「七年預算期」（Septennates）。也就是說，預算額度七年不變，比議員任期還要長，但起碼不是永遠不變。此事堪稱俾斯麥的憲政體制實際作用的好例子。這套體制讓代議士有足夠的權力約束或修改行政部門提出的法案，但卻不足以迫使行政部門順從。

假如俾斯麥真的解散帝國議會，選民很可能只會把自由派重新選回來，僵局將繼續下去。但韋伯也說了，自由派讓鐵首相太好過了。

一八七八年，俾斯麥終於與民族自由黨決裂，箇中有幾個理由。首先，民族自由黨在當年選舉中失去約三十個議席，等於俾斯麥跟保守黨派合作就可以構成多數。其次，俾斯麥如今看到更危險的對手正在浮現——城市裡工人人數愈來愈多，社會主義也水漲船高，而俾斯麥無法確保自由派會支持他對付這個新對手。社會主義者要求更多的民主與更多的權利，他們的訴求與自由派至少有部分重疊；就此而論，保守派對俾斯麥來說是比較可靠的盟友。此時，帝國的經濟方針正從自由貿易轉向保護主義，自由派對此自然深惡痛絕，行政部門因此需要保守派的支持。不過，關鍵還是在於俾斯麥已經不再需要自由主義了。一八七〇年代初期透過帝國議會推動自由派的統一方案之後，俾斯麥跟對方的共同政治基礎已所剩無幾。現在有新的事情必須對付，需要的自然是新盟友。俾斯麥著手摧毀舊盟友，充分展現了現實政治的摧枯拉朽。

俾斯麥憑藉三寸不爛之舌與丁點政治謀劃，成功讓一度如日中天的自由派分裂成兩個陣營，一部分人願意與他合作以達成自己起碼的目標，一部分人則不願意進一步下修自己的原則。後者脫黨後加入進步黨，進步黨後來在一八八四年改組為德意志激進黨（German Radical Party）。票源分散之後，自由主義在德國走向溫和，同時間社會民主黨（Social Democrats）則開始對政府帶來嚴重壓力。我們不難看出民族主義與自由主義在十九世紀的德意志是多麼水乳交融。一八一二年解放戰爭以降，自由主義一直是一把烈火，而且信心愈來愈足，甚至差點在一八四八至四九年間顛覆既有秩序。然而，隨著自由主義的目標多半實現，這股運動也燃燒殆盡。多數德國人對君主立憲制感到心滿意足，儘管俾斯麥與威廉缺點多多，但民眾仍然擁戴他們。政治理論與理想主義尚且無法跟領袖魅力與王權相抗衡。一旦運動最初的訴求幾乎都達到了，自由主義對於選民來說也就沒那麼重要，俾斯麥只是推了最後一把。接下來數十年，德國的自由派始終無法從這種頹勢中復甦；韋伯在一九一八年寫下的反思，就是這個憂鬱脈絡下的產物，此時社會主義者、共產主義者與右翼民族主義者反對當局的音量都比自由派更響亮。一九一八年的第二次德國革命（Second German Revolution）將不會由自由主義掌旗。

誰才是德意志的皇帝？帝國的治理

威廉皇帝曾抱怨道，「在俾斯麥手底下當國君很難」。既要當個只對上帝負責的君主，又要承受某個不知打哪兒來的瘋容克欺負、操弄自己並席捲政壇，這怎麼可能？自從一八六二年任命俾斯麥為首相以來，每一項重大決策都沒有經過威廉批准，這讓威廉對於自己所走的路感到不安。議會的自由派多數嚇倒了他，否決了他的軍事改革，甚至讓他在一八六二年九月嚴肅考慮是否遜位。俾斯麥以漠然的態度告訴一眾議員，表示自己將無視他們的意思，帶領普魯士走上「鐵與血」的道路時，威廉則心懷恐懼看著這一切。等到帝國成立，威廉同樣不情願放棄自己的普魯士王冠，甚至還在一八七一年一月十八日帝國成立儀式當天早上為此落淚，但他仍然在不明就裡的情況下按俾斯麥的計畫行事。這位鐵首相牢牢掌控同時代的人，無論是敵人還是盟友皆然，而且他不用二十世紀獨裁者的那種舌燦蓮花也能辦到。一九〇九年的《格里本氏柏林旅遊指南》（*Grieben's Travel Guide to Berlin*）寫道，即便俾斯麥辭世已過十一年，首都的俾斯麥雕像依舊「透過雄渾的姿態與閃耀的眼神」，散發出「不屈不撓的意志力」。俾斯麥周身有一股氣場，一種與生俱來的堅定不移，深信自己做的是正確的事情，而且不會有任何動搖，而這種氣質對議會、外國外交官甚至是國王都有巨大的影響力。正是這種人格特質，讓他成為有史以來數一數二的政治家。

當時的人與後世的歷史學家都用「霸道」形容俾斯麥的政治風格，甚至稱之為「君臨天下」。他把憲政體制的關鍵位置交給身為首相的自己，不難理解現代觀察家為何會對這種做法持強烈保留態度。俾斯麥確立了德國的「總理民主制」（chancellor democracy）傳統，縱然經歷戰爭、獨裁、分裂與再統一之後樣貌已有大幅改面，但到底是保留了下來。筆者執筆的當下，正是德國總理梅克爾（Angela Merkel）的第四個任期，她依然享有極高的支持率，踏上與柯爾（Helmut Kohl）與艾德諾（Konrad Adenauer）等前任一樣的長期執政道路。德國人稱呼總理的方式，反映了這個職位在民族精神中扮演的重要角色。俾斯麥是「國父」（Gründervater），深受民眾喜愛的梅克爾則是「梅克爾媽媽」（Mutti Merkel）。這個民族曾經如此破碎，如此歧異，分裂、戰爭與痛苦記憶留下了難以撫平的傷痕，民眾對於穩定與領導的渴望堪比孺慕之情。說一不二的父親角色在這種脈絡中相當吃香，而俾斯麥堪稱這個角色的完美人選。

法國大革命及其餘波，觸發了歐洲政治思想轉變的長期過程。一八四八年之後，連君主制度的死忠支持者，也開始接受王權多少需要一點憲政制度的調節。不過，法國的局勢發展卻也顯示獨裁權力與進步價值不見得是互斥的概念。拿破崙在一八〇七年實施《民法典》（*Code Civil*），拿破崙三世則在一八五三年恢復《民法典》的實施，顯見非民選領導人不見得跟自由思想與法治相衝突。準此，「新式」（modern）獨裁的概念在十九世紀中後期廣受人所熱議，甚至連自由派圈內也有支持者。拿破崙三世在一八七〇年普法戰爭過程中倒台後，許多自由派相信新生的德意志民族國家有望能實現法國所未實現的目標：由一位捍衛法治而不屈從於專制的國王，來確保所有人的自由。問題在於統治階級鄙視這種概念。「要跟男女庶民受同一套民法所約束」，這種概念本身就充滿革命與共和思想的味道。更嚴重的問題則是所謂的「凱撒作風」（Caesarism，當時的政治思想家就已經採用這個詞）不能沒有像拿破崙這種頗具魅力、深受愛戴的領導人。但威廉一世不是拿破崙，更不是凱撒。許多德國人確實對威廉抱有好感，但拿破崙能讓人神魂顛倒，讓法國人民投票支持重回專制，而威廉畢竟沒有這種吸引力。

俾斯麥並非出眾的演說家，至少嗓音的音質與發聲共鳴方式不算完美。史家弗爾克．烏爾里希（Volker Ullrich）說俾斯麥講話「結結巴巴，躊躇試探」，而且「聲音尖細」，但烏爾里希也明說這不代表俾斯麥的演說缺少影響力。[3]雖然聲線不夠好，但他卻能用語調的精準與音域的多彩加以彌補。甚至連孩提時，老師們也在學生表現報告上提到俾斯麥的口才令人讚嘆。他用語極有畫面，能輕易挑釁、惹惱、安撫或吸引對話者，哪怕是對他敵意甚高的對手也不得不服。他出眾的體格進一步強化了他帶給人的衝擊。俾斯麥身高近一百九十公分，胸膛厚實，一頭金髮，還有那一撮同為金色的標誌性鬍子。每當這位巨漢步入會場，自信的姿態與銳利的眼神，會讓其他人停下來聽他講話。鐵首相一路走來，精心打造了屬於自己的傳奇。他以不合群的貴族之姿登上舞台，在一八四〇年代先後跟議會建制派、外交官乃至於革命分子發生衝突，很快就贏得「鋼鐵」之名，甚至早於他在一八六二年的那場知名演說用這個詞自我標榜之前。等到他煽動並贏得統一戰爭時，他已經是民族英雄了。

威廉皇帝本人跟俾斯麥的關係難以言喻。威廉在一八六一年繼位為普魯士國王時，一開始並不願意任命他為首相，要不是一八六二年的軍事改革危機，他也不會把俾斯麥

俾斯麥，約一八七五年。

從巴黎找回來。但威廉很快就變得依賴他這位銳不可當的策士。他在埃姆斯密電中竄改國王言行的做法，不僅在外交上令人髮指，對個人信任而言也逾了矩。偏偏威廉找不到抵制俾斯麥的方法。德意志帝國在一八七一年成立後，威廉對中央政府日常事務也失去了興趣。他是普魯士國王，而他從未想成為德意志皇帝。但俾斯麥想要他當皇帝，皇帝也確實該由他來當。於是乎，威廉頻繁躲回普魯士王宮，躲到鄉下避靜，在那兒打獵、宴客，對於經營自己的新帝國興趣缺缺。俾斯麥並非共和主義者，他對君主制度抱持最高敬意。即便如此，在他所制定的新憲政體制裡，國家元首可以把政務的主持交給身為首相的他，就好比工廠老闆任命經理之後，就很少踏進廠裡的道理。假如德國有皇帝，那也不是威廉，而是俾斯麥。

身為現實政治家，只要是推動法律通過所必須，俾斯麥做什麼都不會有道德疑慮。後世往往把「法律好比香腸」的比喻歸功於他，而這種比喻堪稱一針見血，因為德意志第二帝國的立法過程確實混亂且倒人胃口。俾斯麥十八般武藝俱全，他欺壓、勸誘、糾纏議員乃至於國王，讓他們屈服。沒有他做不得的事。假如自己精雕細琢的詞藻未能奏效，俾斯麥還會佯怒嚇人、公然羞辱對手、一把眼淚一把鼻涕，甚或以威脅辭職作為最後的殺手鐧。威廉心內的普魯士魂對德意志帝國深惡痛絕，光是想到自己得扛起德意志帝國，就足以嚇倒這位年邁的國王；只要俾斯麥留在身邊，他幾乎什麼都願意答應。

俾斯麥控制施政的每一個環節，簡直到了走火入魔的程度。他過度干預資深閣員與公務員的事務，很難放手把工作派出去，也很難信任別人能順利完成任務。結果，俾斯麥的政治圈內出現了一定程度的用人唯親。一八七四年，他力薦長子赫伯特（Herbert）走上公務員道路，並促成赫伯特結識國王的孫子，也就是後來的威廉二世（Wilhelm II）。一八八六年，俾斯麥任命赫伯特為外相，因為德國此時在歐洲的地位仍需要小心拿捏，而他需要信得過的人來擔任這個職位。

俾斯麥與王后奧古斯塔的關係本就不好，加上俾斯麥曾在一八四八年革命期間試圖說服她密謀推翻其大伯，也就是當時的國王弗里德里希．威廉四世，此後兩人更是處不來。奧古斯塔覺得俾斯麥傲慢，令人難以忍受，對自己的丈夫影響力又太大。她跟這位德國首相的關係，已經糟到不願意在另一個人面前共進晚餐，這種情況想必令威廉皇帝相當尷尬。俾斯麥也不待見於國王的媳婦維多利亞。儲君弗里德里希之所以與英裔妻子成婚，是希望兩人能以英格蘭憲政為典範，一同在德意志推動更自由的政府體系。維多利亞女王也教育她的長女，要她以自己和德裔的王夫亞伯特親王為榜樣，學習如何與丈夫共治國家。俾斯麥對這種想法深惡痛絕，尤其若效法維多利亞與亞伯特，弗里德里希豈不是只是名義上的統治者，決策者變成他的妻子？歷史學家喬納森·斯坦伯格（Jonathan Steinberg）主張這暗示了俾斯麥從小時候就有厭女心態，發展至今已根深柢固，但斯坦伯格的看法有點過了頭。不過，俾斯麥無疑覺得奧古斯塔和維多利亞是兩個多管閒事的女人，妨礙自己去左右她們的丈夫。他的政治說服力已臻於化境，自然會對這一點瑕疵感到相當不痛快。

俾斯麥貴為首相，首相的任務就是掌握帝國議會。根據憲政體制，帝國議會雖然無法發動立法，但還是有權利擋下提交給議會的法案，而且確實常常這麼做。光靠眼淚與張口怒噴還不夠，俾斯麥必須動用多一點手段，才能說服總共三百九十七位議員放行他提出的方案。一邊是巧妙控制的盟友關係與密室交易，另一邊則是毫不留情的政治圖謀（像是瓦解民族自由黨），他熟練地拿捏這兩者的平衡。這正是帝國憲政與波拿巴式共和獨裁制關鍵的差異。十九世紀的兩位法國皇帝都不用跟躍躍欲試的議會展開令人心累的對抗。意見一多，就會有弱點與歧異，就是為了避免這種情況，才會完全由一名強人領袖代表整個國家。在兩位拿破崙皇帝看來，法國大革命的問題就是意見太多。俾斯麥沒有法國皇帝的這種餘裕。姑且不論俾斯麥有沒有領導魅力，德意志民眾政治化程度愈來愈高，而他必須因應民眾選出的代議士。雖然他只須向皇帝負責，皇帝也不會解雇他，但他還是創造出一套體系，讓法律在唯有得到德意志民眾代表贊成的情況下才能通過。

威廉雖然受人歡迎，但領導魅力不見得特別高，也缺乏扮演拿破崙式的角色所必不可少的元素。更關鍵的一點，在於他對自己的新帝國興趣缺缺，而子民也都能感受到他的疲乏。假如他試圖強迫一八七一年之後的德意志人民接受自己的想法，那絕對會遭到反噬。乍看之下，俾斯麥還更符合皇帝形象。他威風凜凜，廣受愛戴，權力遠遠大於他制定的憲法所定下的限制。但若沒有透過帝國議會中的代議士取得人民的同意，他也不可能進行統治。許多德意志人崇拜俾斯麥，認為是他鑄造了自己的民族，並且在他過世後豎立了數以百計的紀念像。然而在他主政的時代，自由民主思想的影響力並不亞於民族主義與威權主義。史家馬爾庫斯・普魯區（Markus Prutsch）曾言：「儘管掌握無邊無際的權力，但綜觀俾斯麥的政治生涯，他的首相之位都帶有『可拋棄性』（disposability）

的特質。」[4]這實在稱不上是現代獨裁者。當時的德國沒有皇帝可言。

文化鬥爭：俾斯麥與德國天主教

德意志在不包括奧地利的情況下統一，而對於新成立的德國來說，這件事情對於國內宗教結構有深遠的影響。俾斯麥把德語區最大的天主教區域排除出去，等於讓天主教徒成為德國的少數。從宗教改革與三十年戰爭等歷史發展中誕生的德意志，有其獨一無二的宗教風貌。北德以新教占優，南德則保持信奉天主教。萊茵蘭地區同樣以天主教徒為主，一八一五年萊茵蘭併入普魯士時，此事也導致局勢嚴重緊張。（一個多世紀後，西德首任總理艾德諾等萊茵蘭要人仍致力於將萊茵蘭從普魯士的掌握中解放。）眼下，普魯士也把勢力範圍往南擴大，令南德天主教徒憂心忡忡。三十年戰爭害得德意志新教徒與天主教徒在一場慘烈的內戰中彼此為敵，戰爭的創傷在德意志集體精神上留下深深的傷疤，而宗教衝突的烏雲在一八七一年變得愈來愈濃。此外，法國大革命與後續的拿破崙改革，都試圖限制天主教會對法國及其附庸國（包括萊茵邦聯）的影響力。這種徹底的世俗化震撼了全歐洲，引發有關政教關係的廣泛討論。呼籲世俗化的自由派和進步派得到法國局面的大力支持，但他們的呼籲卻也引發來自天主教團體與教宗的防禦性反應。教會學校、俱樂部與社團的成員數量都有增加，它們要求擺脫政府的束縛，獨立運作。造化弄人，掀起政治化天主教（political Catholicism）浪潮的原因，居然是不受國家權力左右的訴求。

德意志在普魯士主導下統一，新教徒成為領袖。在這種脈絡下，難怪天主教徒會覺得需要有人在政治上為他們的利益喉舌。一八七〇年，德意志天主教中央黨（Deutsche Zentrumspartei）成立，以捍衛德國天主教、抵抗世俗化為其宗旨。天主教中央黨通過黨綱，訴求地方分權、教會獨立與社會改革，黨團宣稱這是為了「對抗所謂的普魯士傳統」，顯示他們對於由普魯士主導成立的政府深感不信任。天主教中央黨有潛力能發展為反對俾斯麥的強大勢力。該黨是全國唯一沒有跟特定社會階級掛勾的政黨，能打動全德意志的天主教徒，也吸引了三分之一選民的支持。一旦俾斯麥掉以輕心，全德國的天

4 Prutsch, p. 139.

主教徒恐怕就會在天主教中央黨的政治行動下滙聚成河，集體覺醒。在一八七一年大選中，天主教中央黨已囊括百分之十八點六的選票，成為第二大黨。顯然大多數天主教徒是把票投給一個能代表其宗教利益，而非主打政治、經濟或社會利益的政黨。

俾斯麥覺得自己不能任情勢繼續發展下去。此外，剛剛才把德意志聯邦拼好的他，也很擔心教宗會出手干預。教宗在一八六九至七〇年的第一屆梵諦岡大公會議上正式頒布「教宗無誤論」（Papal Infallibility），聲稱教宗身為神的代表，他對於任何事情的教誨絕不會有誤，也因為無誤，所有人都得遵守。此外，庇護九世（Pius IX）已在一八六四年頒布《謬說要錄》（*Syllabus of Errors*），譴責自由主義、民族主義與政教分離為謬說。對眾多德意志天主教徒來說，《謬說要錄》與教宗無誤論加起來，會構成嚴重的利益衝突。教宗等於宣稱新德意志國家高舉的一切都是錯的。換句話說，假如德國天主教徒任由俾斯麥領導自己，就會違背教宗的訓導，進而違背上帝的旨意。

俾斯麥對此極為關注。他才剛剛靠著戰爭與巧妙的策略，說服美茵河以南的天主教邦國加入他提出的聯邦。此外，萊茵蘭天主教徒顯然跟東邊的波蘭少數民族一樣不聽話，後者仍在呼籲要脫離聯邦。普法戰爭之後，俾斯麥還得多對付亞爾薩斯與洛林的問題。俾斯麥認為，若想維繫帝國於不墜，就必須充分掌握局面。為此，他採取了一項戰術：把試圖破壞德國統一的人打為「帝國公敵」（Reichsfeinde）。對俾斯麥來說，帝國公敵的概念放在其他脈絡中也很有用，能變出某種危害德國統一的內部敵人，進而將各個社會階級集結於共同的目標之下。承平時期不太可能主打外部衝突，塑造內部敵人似乎是凝聚向心力的次佳選擇。自由派對於政治化天主教同樣感到憂心，這一點也有利於俾斯麥。庇護九世不僅譴責作為一種意識形態的自由主義，甚至譴責自由主義所主張的每一種根本權利，例如言論自由。一八六六年德意志戰爭期間，對奧地利戰事正酣時，教宗的看法也引發德意志天主教徒與新教徒之間一再發生衝突，讓軍方感覺難以控制。因此，俾斯麥與民族自由黨盟友完全同意要揭櫫德意志團結的大纛採取行動。他們認為這就是一場爭奪德意志民族靈魂的戰爭，是一場文化鬥爭。

俾斯麥認為，若要限制天主教徒的抵抗，一開始最好是從官僚體制下手，長期下來國民教育與集體經驗將會把民族凝聚起來。他採取大量的措施來限制政治化天主教，同時推動政教分離。第一次主要攻勢，是一八七一年十二月所謂的「佈道壇條款」（Pulpit Paragraph），禁止在教堂中發表政治觀點或批評政府。一八七二年三月通過的《督學法》

補足了前述條款，讓政府獨占督學的權力，連私校與教會學校也不例外。雖然此舉乍看並不極端，但有鑑於神職人員長期主導歐洲的教育，《督學法》顯然展現了世俗政府信心愈來愈足，甚至將影響力深入人民生活的私領域。數世紀以來，從出生、結婚到死亡，人們生命的每一個重要階段都有天主教會的陪伴，每一件事情教會都要管。俾斯麥發動一場文化鬥爭，接管了德國年輕一輩的道德與學校教育。

這些鋪陳措施引發部分人的批評，鐵首相為了轉移注意力，於是宣稱督學為必要之舉，因為許多波蘭學校拒絕採用德語為教學語言，進而阻礙國家團結發展。他的確擔心波蘭分離運動，而他也想掌控波蘭學子的教育，同化他們。不過，民族自由黨無疑也看到機會，能把教育從教會的反動之手中奪過來，實施世俗課綱，一勞永逸。也就是說，帝國議會在一八七二年夏天通過法律，將所有耶穌會士從德國驅逐出境時，為的顯然不只是綏靖波蘭，更是要打一場意識形態之戰。德國只有大約二百名耶穌會士，但大家都把他們當成教宗在德國最忠心的代表，而各界對於擔心教廷干預德國政治的偏執狂已經達到頂峰。唯天不從人願，德國天主教徒如今擔心未來還會有更嚴厲的措施，於是以反抗與怒意作為回應。一八七三年春，憤怒、猜疑和恐懼達到臨界點。文化鬥爭的舞台已經搭建好，只等全面開戰。

此時的俾斯麥已經偏執到懷疑有個稱為「黑色國際」（Black International）的強大反動組織存在，他斷絕跟梵諦岡的所有外交關係，並且讓教育部長阿達貝爾特・法爾克（Adalbert Falk）推動一系列激進措施，人稱一八七三年的《五月法》。根據這些措施，教會幾乎完全落入國家的控制。如今神職人員必須擁有德國大學的學位，神職任命須提前向當局報備，普魯士還成立了「王家神職事務法庭」（Royal Court for Clerical Matters）。自由派聯盟不以在政治上掌控教會為滿足，而是進一步從財政下手，在一八七五年取消了政府對教會的資金挹注，削弱宗教組織。俾斯麥與民族自由黨還試圖將國家的控制力擴大到生育、婚姻與死亡等傳統領域。一八七五年，民事婚姻開始實施，成為唯一合法的婚姻形式。夫妻仍然可以在教堂結婚，但前提是先舉行過官方的婚姻儀式，讓婚姻具有正式法律效力。這清楚顯示文化鬥爭不只是限制天主教政治活動的措施，更是爭奪德國精神與道德權威的一場戰鬥。

出手這麼重，難怪會引發教會強烈反彈。德國天主教徒非但沒有嚇到聽話，下重手反而激起他們的團結精神。天主教中央黨在一八七七年選舉中獲得近百分之二十五選票，意味著絕大多數天主教徒此時投給支持其信仰的政治代表。社會在短時間內激進世俗化，也讓新教徒感到憤憤不平。《五月法》同樣適用於新教組織、學校教育及婚姻，普魯士保守派因此和天主教徒一樣感到不滿而擔憂。暫且不論宗教成分，許多保守的德國人覺得這些措施飄散著激進改革的氣息，而他們本來就瞧不起自由進步派的道德與神學相對主義。不信神的社會就是不道德的社會——這種恐懼在許多人心中揮之不去。隨著時序進入一八七〇年代晚期，文化鬥爭對俾斯麥來說似乎愈來愈像是政治死巷。

俾斯麥需要進一步的誘因，既是為了止血，也是為了跟德國天主教徒與保守派和解，幸好自由派運動正好急走下坡。經濟因素也是其中之一：俾斯麥承受巨大壓力，站在自由派的對立面，實施保護性關稅，他需要帝國議會中保守派多數的支持。一八七八年，羅馬選出新任教宗良十三世（Leo XIII），良十三世甫就任便釋放和解訊號，時機可謂恰到好處。俾斯麥向來奉現實政治為圭臬，他結束了長期與民族自由黨之間的合作，在帝國議會中與保守派和天主教中央黨構築新的多數，說服他們面對危險的新敵人——社會主義時，不妨忘卻彼此的分歧。

不少人把慘烈的文化鬥爭當成俾斯麥的政治失誤與罕有的判斷失準。一八七二至七三年那一陣突發的偏執，的確造成他過度反應，讓他失去許多德國人，尤其是天主教徒的心。《五月法》中許多條文只能廢除，而天主教在今日德國仍保有重大的政治影響力，但就文化鬥爭的最終目標，也就是改變教會與國家關係而言，其實沒有完全失敗。時代的巨輪已經開始轉動，要以民族認同而非宗教派別為文化的制高點，創造出世俗的社會。直到今天，婚姻仍然是民事特權（civil prerogative），絕大多數的孩子就讀的是不能強迫他們接受宗教教育的公立學校，人們也認為宗教是個人的私事。發動文化鬥爭的方式太過挑釁也太過生硬，所以才沒能命中目標。不過，自由派終究贏得了勝利，此後宗教在德國只能屈居於民族認同之下。

德意志製造：帝國成為經濟巨人

打上「德意志製造」（Made in Germany）標籤的產品，深受今人所信賴。[5]德國製

5 Made-in-Country-Index (MICI) 2017 Report.

品之所以聲譽卓著，是因為德意志工業歷來強調出口。起先，相較於陷入分裂的德意志人，法國與英國以遠超前者的步調迅速工業化、現代化，但到了十九世紀中葉，就輪到德意志人迎頭趕上了。從關稅同盟、北德意志邦聯到剛統一的德意志帝國，德意志土地上的經濟合作愈來愈密切，掀起經濟史家所說的第二次工業革命（Second Industrial Revolution）。

相較於其他歐洲國家，德意志與生俱來就適合工業化。德國地理條件非常理想。北有海路，陸路與眾多歐洲鄰國接壤，萊茵河、多瑙河、易北河、奧德河與斯普雷河等深廣的河流在此交錯，北德更有發展鐵路的理想平原地；唯一阻礙有效的基礎建設與貿易網發展的因素，只有一八七一年之前德意志諸邦國缺乏合作的事實。此外，德國擁有豐富的鐵礦、煤炭與各種礦藏，還有肥沃的農地，足以為龐大的人口增長提供糧食。如今把上述條件加起來，就成了歐陸面積最大、人口最多的國家，也自然有發展為歐洲最大經濟體的潛力。萬事俱備，新德意志帝國即將成為全世界豔羨的對象。

於是乎，從一八七一年起，德國經歷了所謂的「基礎蓬發期」，由於這個時代對經濟和社會影響深遠，連設計、家具與藝術都出現獨特的風格，後人甚至稱之為「奠基時代」（Gründerzeit）。尤其柏林經歷了一段建築狂潮。各地起建立面裝飾華麗的優雅房舍，成為新貴的家，滋養了他們愈來愈足的自信。首都的這類建物大部分在二戰大轟炸期間灰飛煙滅，但其他城市仍留下許多令人讚嘆的實例，像是漢堡市政廳（Hamburg City Hall），以及慕尼黑瑪利亞廣場（Marienplatz）標誌性的新市政廳（Neues Rathaus）。德意志人取得普法戰爭的勝利，對於產業發展也有助益，畢竟法國同意在一八七五年三月前支付五十億法郎的賠款，為鐵路等基礎建設的財務打了一劑強心針，普魯士的鐵路得以國有化，並獲得巨資挹注。截至一八八〇年，德國的鐵路每年能載運四萬三千名旅客，遠遠超過法國的鐵道系統。[6]與其他國家相比，德國鐵路的重點不是客運，而是將原物料與工業製品從甲地運往乙地。當局對魯爾區工業重鎮照顧有加，不只有密密麻麻的鐵路網，還有通往北邊漢堡與不萊梅等港口的直達車。雖然專注於工業的做法讓農村社會陷入孤立，但德國經濟也因此以飛快的速度追上競爭對手。重工業迅速利用前述的轉運網與不斷成長的勞動力。一八七〇至七二年間，光是所謂的生鐵（pig

---

6 Mitchell, p. 178.

iron，可再度鎔鑄用的粗鐵原料，作用很多）產量就增加了百分之六十一，但這個數字遠遠不夠，因為需求成長了百分之一百一十一。由於需求遠大於供給，生鐵價格因此提高百分之九十；[7]價格提高，利潤比率跟著提高，也就有更多資金能連帶再投資於營造、機械與製造業等產業。

德國的統一帶來立竿見影的經濟效應，歡欣鼓舞的民族情感也隨著一八七〇年的軍事勝利而到來，德國經濟信心因此受到巨大影響。民眾覺得自己的新民族國家無所不能。政府發包興建嶄新、雄偉的國會大廈（Reichstag），體現了如此的精神。一八七二年，一百零三名建築師參與競圖，而最後獲選的設計是一棟新巴洛克式建築，有著鋼鐵與玻璃搭建的圓頂；多虧工程技術的最新發展，這種設計才有可能成真。以前費城的萬國博覽會紀念館（Memorial Hall）與倫敦的水晶宮（Crystal Palace）吸引全世界的目光，現在輪到德國閃耀了。人們預料經濟將持續以這種步調迅速成長，因此紛紛大量投資。一開始，俾斯麥和自由派盟友偏好自由市場政策，因此經濟控管措施少之又少。俾斯麥任命態度認真、劍及履及的官僚魯道夫・馮・德爾布呂克（Rudolph von Delbrück）擔任新設置的德意志帝國首相府（German Reich Chancellery）官房長，亦即選了一位受人信賴的自由市場派來統籌整合後的德國市場。德爾布呂克曾經在北德意志邦聯擔任同一職位，成為俾斯麥的左右手。也就是說，一八七一年時幾乎沒有任何對金融行為的監管。不只大規模寡占與壟斷成型，德意志銀行（Deutsche Bank）與商業銀行（Commerzbank）等至今依舊頗具分量的公司，也是在當時成立的。奠基時代經濟氛圍大熱，私人資金因此大量投資於新興產業，股票價值平均上漲了百分之五十。資金的投入終於在一八七三年達到飽和點，正好一波風暴歇斯底里橫掃了歐洲金融市場，一切就此戛然而止。一八七三年的大恐慌（Great Panic）在十月席捲柏林，引發德國第一次經濟衰退。

從各個角度來看，首場經濟危機並未對德國產業造成中、長期的傷害，此危機只是讓帝國成立以來頭幾年過熱而不健康的成長步調放緩。經濟成長率雖停滯但並未驟跌，生產率則正常化，因此沒有出現其他國家那種大規模的生產過剩。但縱然如此，這些經濟浪潮卻特別容易影響中產階級與工人階級。過去，農工湧向城市，成為工廠工人，掙

7 LeMO.

得起碼的薪資，如今部分人卻突然失業。由於工人沒有福利措施作為緩衝，加上脫離了原有家庭網絡的支持，因此陷入貧困與惡劣生活環境中。孤身一人、無家可歸的他們遊走在德國城市的冰冷街頭，設法打零工，乞求殘羹剩飯。情況跟他們當時來到城市要追求的現代生活差太多了。至於中產階級，他們雖然在過去兩年憑藉投資與儲蓄賺了錢，但他們沒有有形資產能度過金融危機，因此往往也失去了一切。他們擠在便宜、狹小的租屋處，夢想有朝一日能重新過好日子。局面如此，許多德國人對自由派的自由市場政策感到幻滅。民眾對於銀行業肥貓的憤怒，迅速化為以政治措施控制銀行業的訴求。自由放任資本主義在德國的日子已走到盡頭，德爾布呂克這類自由主義者必須捲鋪蓋走人。

俾斯麥自己對於經濟政策沒有強烈偏好，但他受到的壓力也在累積。全球穀物生產過剩，導致德國農業面對來勢洶洶的俄羅斯、阿根廷與美國的廉價進口穀物。德意志全國產業聯合會（Central Association of German Industrialists）等強大的壓力團體也開始成形，要求對德國產業有更多的保障措施。[8]俾斯麥別無選擇，只能改弦易轍。忠心耿耿的老德爾布呂克是第一個遭殃的人，他為俾斯麥效力十多年，卻在一八七六年被迫辭職。來到議會，俾斯麥也必須割捨民族自由黨，畢竟他們絕不會贊同經濟保護主義路線。情況已經成熟，俾斯麥可以從自由派的船跳上保守派的甲板。

俾斯麥政府在文化鬥爭期間採取的反天主教激進措施，反而幫天主教中央黨催出選票，在一八七八年選舉中得到百分之二十三點一的選票，實在是不無諷刺。德意志帝國黨（German Reich Party）與德意志保守黨（German Conservative Party）如今占帝國議會百分之二十七的席次。同時，民族自由黨選情崩盤，原有的席次丟掉近四分之一。俾斯麥向天主教徒與保守黨派承諾聯手推動保護主義經濟政策，並對抗社會主義與自由主義，設法讓昨天的敵人相信文化鬥爭將成明日黃花。此舉奏效，國會多數派在一八七九年六月十二日通過《關稅法案》。準此，進口生鐵每噸徵收十馬克關稅，價格應聲上漲百分之十七，因此也比德國生鐵更貴。農業方面亦然，每噸小麥如今要加收七十馬克的關稅[9]，讓俾斯麥那些擁有大農場的容克友人個個心花怒放。新舊菁英組成遊說團體，人稱「鐵麥聯姻」（Marriage of Iron and Rye），成為一八八〇年代的強大權力集團，主

8 Kitchen, p. 146.
9 LeMO.

宰接下來數十年的經濟政策乃至於社會政策。

作為經濟部門，農業的整體重要性相較於工業已經萎縮，但機械化與技術進步帶來的成長率依舊驚人。一八七三至一九一三年，小麥產量提升百分之五十以上，豬隻飼養數也從七百萬頭增加到二千五百萬頭，這主要得歸功於硝酸鈉肥料施用與蒸汽動力機械的投入。從經濟角度來看，農產大幅提升有兩大影響。其一，生產過剩導致農產價格與農工薪資直落，農業因此成為不具吸引力的就業選擇；其二，現在糧食供應充足，靠天吃飯的程度下降，收成波動影響也下降。營養供應穩定且充足，德國人口因此迅速成長，到俾斯麥一八九〇年卸任時達到將近五千萬人。人口的增加反過來提供可觀的國內市場與充沛的勞動力，兩者則進一步促進了經濟的成長。

此時成長的不只是傳統的鋼鐵、煤礦與農業部門。對德國中長期發展來說，化學、電器與機械工程等新興產業才是關鍵。一八七一至一九一三年間，德國光是機械出口就增加了六倍，「德意志製造」的概念開始讓人聯想到優質、耐用、創新的產品。僅僅機械部門就占了百分之七的出口。早期的內燃機乃至於一八八〇年代最早的汽車，指點出德國經濟從一八七〇年代至今所走的道路，兩次世界大戰的動亂與災難也沒有改變這個發展方向。事實證明，電器部門也很持久。成就斐然的德國公司當中，有一些就是在俾斯麥的帝國打下基礎，像是西門子（Siemens）與通用電氣公司（AEG），它們先是為企業行號供電，然後為整座城市供電。最後也別忘了，巴斯夫（BASF）與拜耳（Bayer）等至今仍主宰市場的化工巨頭，同樣對德國經濟成長貢獻甚偉。新興產業創造出來的，是一個高度專業化、產出創新的廣闊領域，利潤前景看好。產業需要受過教育、具備技能的勞動力，而擁有這些條件的勞工則回過頭要求高薪與良好的工作環境。由於新興產業高度專業化，產品在國際上鮮少遭遇挑戰，因此也不怕削價競爭。賴於德國出口品質與聲譽，新興產業產品價格得以維持在高點，為企業家、勞工與政府帶來可觀的收入。

雖然新德國沒有全球殖民網絡之利，沒有可供剝削的資源與人力，但仍然處於創建強大經濟帝國的有利位置。德國太晚加入帝國主義者的派對，來不及發展出英國與法國等帝國的規模，但這顯然沒有拖慢這個年輕國家的經濟步伐。一八七三年的短暫下挫並未拖垮初生的德國經濟，反而是將奠基時代的過度成長加以去蕪存菁。從自由貿易轉向保護主義之後，德國茁壯為現代工業巨人，開始跟西歐鄰國競爭。

何謂「德意志」？俾斯麥執政時期的社會

一八七八年，知名德裔作曲家華格納（Richard Wagner）試著回答這個問題，「何謂德意志人？」他從一八六五年就開始想這件事，如今十三年過去了，他還是認為自己「還不夠格更深入回答這個問題：何謂德意志？」[10] 華格納之所以廣為人知，或許是因為他所寫的《尼伯龍根的指環》（*The Ring of the Nibelung*）等歌劇，但他對政治的積極態度，加上異於常人的生活方式，也都讓他成為頗有影響力的公眾人物。他與女演員明娜·普拉娜（Minna Planer）波折不斷的婚姻（他到處欠錢，為了躲債，他帶著普拉娜逃到倫敦與巴黎），就跟他的反猶爭議言論一樣臭名遠播。但是，他也積極參與早期的社會主義運動，以及一八四八至四九年的革命。他跟許多德意志民族主義者一樣，對於帝國頭十年過去所取得的建樹感到幻滅。華格納打過一八四八至四九年的街頭巷戰，並且在革命後因政治因素流亡。不過，祖國終於在一八七一年統一，讓這一切似乎都值得了。但到了一八七八年，憤世嫉俗的情緒油然而生：「當年大方投票贊成『自由貿易』

時，我的德意志魂興奮不已；如今，這個國度上上下下仍瀰漫著匱乏；工人餓肚子，工業一蹶不振，但『商業』倒是挺旺的。」[11]華格納是典型的初代「德意志人」，一八七一年的他們對新社會有很高的期待，等到冀望的光榮統一跟俾斯麥帝國的現實相撞時，他們則感到不安，甚至不滿。

多數德國人起初對於自己在新德意志帝國中的未來感到樂觀。歷史學家施圖爾默（Michael Stürmer）指出，迅速的工業化帶來迅速的發展，多數人因此期待能「過著長壽、幸福的生活」，也盼望孩子的生活比自己更好。[12]一八七一至一八七三年，社會各層面都能明顯感受到所謂的「進步樂觀情緒」（Fortschrittsoptimismus），美國歷史學家斯特恩（Fritz Stern）甚至說他們「全民迷醉」與「傲氣沖天」。[13]至於個人層面，許多德國人看到進步的實質證據。薪水漲了，新就業機會浮現了，像羅伯特．科赫（Robert

---

10 Wagner, p. 169.
11 Ibid.
12 Sturmer, Ch. 2.
13 Stern, p. 50.

Koch）這樣的德國人，甚至可以在醫學領域與全歐最優秀的人媲美。不少德國國民認為德意志已經踏上一條偉大的道路，民族情感高漲。

一八七三年的金融危機重創了這股樂觀情緒。以往，資產階級／資本主義／自由主義的行事方式看似是德意志走向偉大與進步的筆直道路，如今卻有愈來愈多人懷疑這套體系只對社會裡的一小批商人與銀行家有利，其餘人等則遭到拋棄。這股懷疑往往以反猶論調形式出現，宣稱自由主義其實是猶太金融家為了自己的利益而分化德意志的舉動，像華格納就抱持這種想法。一八七三年確實引發保守派對自由主義的反撲，而且是社會各階層皆如是想。社會頂端的舊貴族認為自己的恐懼成真了，擁有土地與頭銜再也無法成為財富與政治影響力的保障。機械化、量產與工業的競爭已開始嚴重削弱他們的社會地位。至於社會階級的中下層，工人階級正奮力與所謂「長期蕭條」（始於一八七三年，持續到一八八〇年代）的嚴重後果抵抗。相較於美國等同等級的西方國家，德國經濟受到的打擊雖然沒有那麼嚴重，但投資意願低迷往往意味著糟糕的勞動條件。工人在福利、健康、安全與勞動法方面缺乏保障，只能仰賴雇主人好不好（往往不好），而雇主則無情地追求利潤最大化。據經濟史家格哈特・布里（Gerhard Bry）估算，一八七一至七四年間的薪資仍保持成長，經濟成長的腳步也沒有因為一八七三年的蕭條而停步，但同一時間的生活開銷也急遽上升，增加約百分之十四，後來才降回尚可應付的水準。然而，剝削的文化已然成形，都市化與無產化已經造就出一大批憤怒的下層階級。不知不覺間，工人們的光榮祖國夢已經讓他們陷入如此的經濟與社會地位，無論工作多麼努力都無所遁逃。從一八七〇年代到一八八〇年代，德國人移民美國的比例幾乎變成兩倍；[14]這些移民有不少是文化鬥爭脈絡下想逃離迫害的天主教徒，但也多少是因為祖國夢的幻滅使然。

姑且不論一八七三年的財政危機，都市化的長期過程加劇了第二次工業革命的副作用，而這本身也是個挑戰。新帝國的首都柏林算是比較極端的例子，但柏林的數字確實能讓人稍微對人口流動的規模有點概念。柏林先是普魯士首都，後來又成為北德意志邦聯首都，經歷一番榮景的柏林在一八七一年是德國最大的城市，居民有九十一萬三千九百八十四人。等到俾斯麥在一八九〇年下野時，柏林人口已成長兩倍以上，一百九十萬

14　*2008 Yearbook of Immigration Statistics*. Office of Immigration Statistics. US Department of Homeland Security.

人以柏林為家。多數德國人仍生活在農村地區（即便到了一九一〇年，大城市人口也只占全國的五分之一），但流動的趨勢已經確立。地方政府盡力管理基礎建設與住宅。但相關規定往往是都市化加劇之前制定的，無法因應如此規模的問題。柏林人口密度比都市化的魯爾地區高兩倍，情況因此比其他城市更慘。因此，「柏林租屋寨城」（Berliner Mietskaserne）的現象應運而生。最貼近德文Mietskaserne的英文是tenement（公寓）。兩者確實有一部分很類似，也就是說，承租戶居住的範圍只是建築物的一小部分，例如單層住家或一個套房，而不是整棟房子。但德語的Kaserne還有「營房」的意思，讓人聯想到單調、擁擠的斯巴達式生活環境，畫面陰鬱。房屋設計許可的規定少之又少，而不用等的便宜住宅才是當務之急，舒適度不是優先考量。一排又一排的寨城因此出現，通風、戶外空間與衛生措施都不夠。結果，許多家庭成員或同事得同住在陰暗、潮濕的生活環境。「租屋寨城」因此成為城市工人階級困境的同義詞，而柏林與漢堡的情況尤其悲慘。阿諾・霍爾茨（Arno Holz，九度獲得諾貝爾文學獎提名）等詩人對這種環境的黑暗與汙穢深感著迷：

樓頂高聳直入星空，
中庭的工廠嗡嗡作響，
租屋城寨就是這樣
還有手搖風琴的呻吟來畫龍點睛！
地下室裡鼠輩築居，
一樓擺著兌水烈酒和啤酒，
往上到六樓都是公寓
每道門後都藏著城郊的悲慘。[15]

由於德國鐵路網設計的宗旨在於為工業服務，而不是為了強化整體人口的流動與聯繫，因此城市彼此間以及城市與港口、河流、邊境管制點之間的交通極為便利。但這種設計卻讓農村人口進退兩難。德國村鎮居民依舊仰賴步行或騎馬，地理活動範圍嚴重受

15 Arno Holz's *Ihr Dach stieß fast bis an die Sterne* (1898).

柏林租屋寨城內部典型。

限。當時沒有電話、廣播、電視或網路，想要得知當地之外的消息，唯一的途徑就是報紙。城裡還有許多人對進步感到興奮，但鄉下人這種「斷裂」的感覺一下子就變成「被拋棄」的感覺，隨之而來的不滿情緒觸發了對進步的戒心與保守反撲。鄉下人開始對現代性以及城裡那些「聰明人」深感懷疑。只有能搭到火車的人，才會對蒸汽火車頭拉著車廂出了車站，乘客舒舒服服跨越數百英里的壯闊景象感到興奮不已。其他人只懂得去恨新技術所代表的世界，以及這個世界是多麼看不起他們的生活方式。

此外，其他社會領域與地理範圍同樣有一股保守反彈。這種反彈始於一八七三年的資本體制危機，中產階級尤其深受其害。「中產階級」的範疇很廣，從老師、小企業主到大實業家都算。整體而言，他們過去積極支持自由主義運動，認為自由主義有助於德意志的統一。但在一八七三年後，資本體系經歷重整，導致一波信心危機。舊貴族對新貴族的那股嗤之以鼻，也開始滲入中產階級的腦海。軍人與貴族菁英的行事風格與生活方式開始引領潮流。一八七一年，經商的人在自己大婚之日會穿著稱頭的訂製西裝，但現在他則會試著買個軍銜，或者加入後備部隊，這樣他就可以穿軍服結婚了。無獨有偶，家具風格、髮型與風俗也開始往貴族靠攏。錢夠多、影響力夠大的人會試著買頭銜，或是與貴族成婚，如此一來就能把心心念念的「馮」（von）加到自己的名字裡。這股潮流之所以浮現，一方面是受到一八八〇年代的保守轉變所影響，另一方面也是因為人們渴望回到美好的舊時光。先前在一八七一年對上流社會的人說「你們的時代已經結束了」的新貴們，如今對自己不久前得到的地位與財富感到不安，開始巴望貴族的古老世系。一旦這種趨勢與普魯士的尚武傳統，以及對「忠誠」和「力量」等所謂德意志價值的渴望相結合，那就有危險了。

這種整體保守的趨勢同樣影響社會各階層的女性。婦女時尚確實變得更輕鬆，傳統的連身裙也多被半身裙加罩衫或襯衫的實穿組合所取代。但女性整體而言仍期盼婚姻，期盼以照顧子女、家務與維護家庭溫暖的方式來支持丈夫。由於女性直到一八九一年才獲准就讀大學，因此大多數中產階級職業都是她們無法出任的。教書是唯一的例外，以往人們認為女生可以教書，但也只能教到結婚為止。工人階級女性的隊伍則出現更大的變化。前工業化時代，婦女必須務農，修補農具，幫忙收成，還要照顧家畜。早期工業化也意味著許多女性在家工作，靠做衣服的方式補貼丈夫收入。到了一八七〇年代與八〇年代，有愈來愈多出外工作的工人階級婦女。變化的速度不快，一八八二年時仍只有約五十萬婦女在工廠工作，因為時人仍然認為男人賺的錢若無法養家，害妻子不能在家照顧孩子，是件不光彩的事。女性多半從事低技能、單調的工廠工作，工資只有男性工人的六成，但她們的勞動條件已經在立法推動下得到若干改善。女性有產假、工時上限，法律也禁止女性上夜班或做苦工。

近年來，學界對於一八六〇年代中葉開始組織起來的早期婦女運動有不少關注。但我們也不能忘記，當年參與婦女運動的人，只是泰半出身資產階級、宣稱自己代表全體女性工廠工人的一小群人。早期婦女運動往往跟其他政治目標攜手合作。以克拉拉·蔡特金（Clara Zetkin）為例，她是學校老師，先生是俄羅斯革命家，實在很難代表女性工人，畢竟後者在乎的不是婦女解放，而是為了餵飽孩子，為了有棲身之所。蔡特金等早期女權主義者，體現出當時婦女工運若干元素與國際社會主義是如何交織的。至於像德意志全國婦女協會（General German Women's Association）等其他組織，其起源與願景都很中產階級，像是爭取婦女就業、上大學，以及法律上的平等。她們不願與激進的女性社會主義者合作。雙方都不代表多數德國女性，整體而言，德國婦女仍以傳統角度看待自己的角色。她們希望成為孩子們的好媽媽、先生的好太太，也因此往往跟男性一樣，對婦女組織的訴求嗤之以鼻。直到一戰前夕、期間與戰後開始有女權、選舉權與平等待遇的大規模抗議，才讓前述文化產生重大轉變。

由於帝國內部有眾多少數民族與教派，「何謂德意志」的問題依然難以回答。麥葛瑞格認為，由於德國是個沒有明確天然疆界的歐陸國家，因此很難在文化上定義「德意志」。語言的斷層線不見得跟地理或政治的界線相吻合。數百萬波蘭裔、丹麥裔與法國公民在一八七一年成為德意志帝國國境內的少數民族。對於新國家來說，他們的獨立訴求對國家的結構完整是實實在在的風險。俾斯麥對這種威脅深有體認，他一下子就指出許多帝國公敵，還說最好用「負面整合」（negative integration）的方式對付他們。也就是說，隨著時間過去，必須要強制、脅迫、激勵他們在文化與語言上成為德意志人；這一代辦不到，下一代也得辦到。為此，俾斯麥讓德語成為學校、法庭與公共生活中唯一的官方語言。由於德俄邊界兩側的波蘭文化都受到威脅，德國境內的波蘭裔學校往往為了保存文化而故意違反規定，負責推動德語化的地方政府因此經常針對波蘭學校進行檢查。政府為鼓勵德國人移居波蘭裔密集區，「稀釋」當地的語言與文化組成，因此對東普魯士土地提供貸款。此外，初中級學校、義務役與大學都刻意創造族群混合的團體與組成，以便用德意志熔爐融化外族文化。由於丹麥裔在霍爾斯泰因人數實在太少，文化與語言跟德國又很接近，當局乾脆直接忽視丹麥裔的獨立呼聲，認為假以時日整合就會自然發生。

另一方面，亞爾薩斯與洛林等併吞領土上的法裔就很難處理，當地也經常爆發抵抗事件。俾斯麥使出拿手的恩威並施，讓這些地方在帝國議會中可以有十五名代表，但在作為邦權保障的聯邦議會中卻一個代表也沒有，試圖以此穩定新占領區。更有甚者，他任命立場偏向聯邦政府的人擔任亞爾薩斯—洛林總督。此外，俾斯麥大力發展史特拉斯堡大學（Strasbourg University）以激勵留在當地的人，同時也允許想遷往法國的人離開；截至一九一四年，已有四十萬人遷居法國。持分離主義的波蘭人遭到輕蔑對待。由於帝國議會拒絕驅逐波蘭裔，受阻的普魯士政府於是在一八八五年自己動手，將三萬五千名沒有德國公民資格的波蘭裔驅逐到奧地利與俄羅斯。在這件事情上，俾斯麥扮演的角色始終引人熱議。他公開批評了這些措施，但並沒有對普魯士邦政府採取任何處罰，甚至連正式譴責都沒有。這些不客氣將國民德意志化的做法，不僅粗糙，而且沒有必要。無論是否具有「負面整合」的性質，義務役、不分族群的學校教育，以及經常把少數民族加以混合的做法，都有其同化的效果。一旦遭遇缺乏敏感度的整合措施，對德國政府抱持強烈敵意的人（尤其是法裔與波蘭裔）自然會更憤怒以對。

在德意志民族認同脈絡下，所謂的「猶太問題」也是相當具有爭議性的問題。一八七一年，德國有五十一萬二千名猶太人；甚至在統一之前，解放猶太人的討論也已經持續了好一段時間。俾斯麥與威廉皇帝都覺得猶太主義是宗教問題，而非族群問題，因此主張應該讓猶太人在法律上完全平等，只要作為少數民族的他們能徹底融入，好好隱形，甚至可以允許他們出任公職、軍職。因此，當局鼓勵猶太人改信基督教，也有一萬五千人為了仕途發展而改宗。一八七三年金融危機加深了反猶情緒，關於猶太銀行業者的老調傳言激發了人們對經濟局勢的憤怒。到了一八八〇年代，新一波反猶情緒來襲，原因是東方發生了對猶太人的清洗，許多俄羅斯與波蘭猶太人因此逃往德國。這些新來的人不會說德語，教育程度不高，也缺乏專業技能。其中大部分人在普魯士落腳，尤其是柏林，而當時正值經濟危機，因此引發德國半技術工人對於薪資遭砍的擔憂。俾斯麥經常在為帝國議會中保守派與天主教盟友的言論打圓場，但他也不覺得這個問題重要到需要耗費政治資本去解決。先前談到一八八五年驅逐波蘭人，其中有四千名是猶太人；

他們被迫離開自己的家鄉，進入反猶屠殺和其他形式的反猶暴力司空見慣的國家，俾斯麥則對此視若無睹。不過，德國的猶太人人數到一九一〇年已經增加到六十一萬五千人，教育、兵役與整體文化的同化，意味著大多數猶太人跟基督徒同胞一起在俾斯麥治下的帝國相安無事。

儘管分裂、猜疑與文化不安全感確實存在，但一八七一至九〇年間的德國社會確實逐漸團結起來。人格養成期的兩年義務役，對當時年紀很輕的人有轉變性的影響。不分階級、宗教與政治觀點，服役的經驗在男性心中建立了國家認同，而且是一輩子的認同，甚至延續到下一代。人們開始認為「勤奮」、「準時」、「誠實」與「精確」等是德國人與生俱來的特質，一個共享這些價值觀的社會漸漸浮現。階級、年齡、性別、宗教與民族認同的界線依然存在，但俾斯麥結束執政時，我們已經可以看到國民大體趨向保守的，重視秩序、繁榮，以及俾斯麥所建立的聯邦。但是，民眾的愛國情緒仍然需要有不間斷的衝突來餵養，才能彌補社會肌理因為不平等、地緣孤立與文化差異所撕扯出的裂痕。

社會問題：俾斯麥與工人階級

第二次工業革命期間，資本主義如脫韁野馬，創造出無盡的成長，整體生活水準也因此提高。但這也引發一場關於公平的討論，也就是怎麼樣把這些新出現的財富分配給生產者，才算公平呢？人口急速增加，加上都市化與機械化，導致無產階級（proletariat）人數迅速膨脹。當年，古羅馬人用proletarii來稱呼那些沒有土地，仰賴薪資過活，但仍然能自由販賣自己勞力的人；十九世紀期間，馬克思等人重新發掘出這個詞彙。至於在工業革命脈絡下，人們則用這個詞來指涉都市工人用不屬於自己的原料、機械與其他生產手段來生產商品，換取固定薪資的現象。傳統織工擁有自己的織布機，自己買毛料，靠這兩者製作布料，然後在市場上銷售，為自己牟利；但在都市裡紡織工廠工作的工人不是這樣，工廠備有機械化的織布機與毛料，最終的成品則是交由其他人去銷售。馬克思主張，無產的景況讓勞工的勞力遭到剝奪，畢竟他們賺取的薪資，跟他們用勞動所創造的利潤幾無關聯。早期社會主義者認為，資本家擁有生產手段，掌握局面。在這個時代，勞動分工與機械化已經創造出許多不需要多少訓練，乃至於完全無需培訓的就業機會，工廠主跟個別工人打交道，資本家則決定薪資與勞動條件。低技術工人已經成了可以取代的商品，甚至會被人用來對抗彼此。早期社會主義者主張，想抵抗這股潮流，唯一的方法就是團結、組織起來。

登上一八四八年自由主義與社會主義革命的舞台上，馬克思《共產黨宣言》劈頭就用很不吉利的口吻說道：「有個幽靈，共產主義的幽靈，在歐洲遊蕩。舊歐洲各勢力已結為聖盟以祛除這個幽靈……歐洲各國已經體認到共產主義不可小覷。」[16]但到了一八七一年，這幽靈看來已經沒那麼可怖。德意志工人階級因祖國的統一而大受鼓舞，許多人把俾斯麥與威廉皇帝當成偶像。經濟前景一片光明。工人階級政黨在北德意志邦聯內成立，像是一八六九年，威廉・李卜克內西（Wilhelm Liebknecht）與奧古斯特・貝貝爾（August Bebel）成立的社會民主工黨（Social Democratic Workers' Party），以及一八六三年由斐迪南・拉薩爾成立的全德意志工人總會（General German Workers'

16 Marx.

Association）。但是在一八七一年的大選中，這些黨派只拿到百分之三點二的選票，相當於帝國議會中的兩個席次。先前提到，俾斯麥密切觀察局勢，跟拉薩爾多次會面以嚇唬自由派。但整體而言，俾斯麥算是判斷準確，料到沒有什麼共產幽靈，而且在穩定新德意志帝國的路上，還有比共產主義更大的障礙。

此外，包括工人在內，許多德意志人認為社會主義者是極端分子與叛徒。一八五〇年代起，人們就用「不愛國的工人」（vaterlandslose Gesellen）一詞給早期社會主義者貼標籤，說他們是不忠、搗亂的傢伙。處在十九世紀中葉歐洲的民族主義伏流中，社會主義者宣稱自己並不效忠於國家，而是國際主義者，可謂先聲奪人。一八七〇年拿破崙三世垮台後，法蘭西共和國成立，德意志社會主義者不僅表示對共和國的同情，有些人更公然反對併吞亞爾薩斯和洛林。甚至有人聲援惡名昭彰、激進的巴黎公社（Paris Commune，革命派在一八七一年春季短暫控制巴黎的階段）。暴力的公社政權已經處死兩名法軍將領，在巴黎城內建立臨時的獨裁，連最堅定的公社支持者對此也不無批評。馬克思開始證成「無產階級專政」的必要性，以捍衛革命不受反動派的壓制，但德國老百姓則認為他們的做法是太過政治化的惡例；假如有人支持這種極端做法甚於支持統一的德意志君主國，那可是得不到多少認同的。因此，俾斯麥輕輕鬆鬆便能把這群人也打成為帝國公敵。

然而，一八七〇年代的長期蕭條開始影響勞動條件，社會主義運動也開始得到關注。愈來愈多工人發現自己困在單調的都會迷宮，每天辛苦工作十二小時，而且常常一週七天都在工作，連妻小也往往得工作才能維持生計。情況變得讓人難以忍受。在沒有社會保障措施的情況下失業，就等於餓肚子與流離失所，許多人因此被迫在雇主設定的條件下工作，連生病或受傷也不能停。如今，「工人需要組織起來為自己的利益而戰」已不再只是政治意識形態而已，更是迫切的必要，許多人因此投入社會主義運動。社會民主工黨和全德工人總會兩個政黨於是在一八七五年合併，更名為社會民主黨（Social Democratic Party）。社民黨至今仍是德國前幾大黨之一。有些工運領袖倡導階級鬥爭，號召成員武裝起來，但許多人只是希望社會改革能改善城市工人階級的境遇。

一八七二年，貝貝爾與李卜克內西因叛國罪受審，兩人皆獲判兩年徒刑，許多人覺得他們不過是罪有應得，誰教他們對祖國不忠。當局就靠著把工人運動的兩大領袖人物關起來的方法安全下莊。但俾斯麥也感受到一八七三年以降的風向已經轉變，光用打壓的方式並不足以遏止工人階級的憤怒。一八七七年帝國議會大選，社民黨得到百分之九點一的選票——五十萬票，相當於十二個席次。俾斯麥曾試圖推動彈壓措施，讓社會主義團體更難組織、出版與獲得資金，但他發現自己無法說服帝國議會制訂這種法律。此時俾斯麥還在跟民族自由黨合作，但無論是連哄帶騙、語出威脅還是密室協商，都不足以讓對方通過限制言論自由的法條。這不光是因為言論自由是民族自由黨的核心政策，也是因為他們懷疑俾斯麥會在他需要時利用這種法律來對付自由派的宗旨。上述一切都見諸報端，俾斯麥則等待輿論風向轉變，希望有助於施壓帝國議會通過相關立法。

機會在一八七八年春天到來。五月十一日，八十一歲的威廉皇帝與女兒路易絲公主（Princess Louise）乘車行於中柏林壯麗的椴樹下大道（Unter den Linden），向歡呼的子民們揮手致意。霎時間，一名男子跑上馬路，持左輪手槍，槍口對準兩位皇室成員。他開了兩槍，才被人制伏在地。混亂中，一名試圖上前幫忙的目擊者受了重傷，幾天後便去世了。威廉本人與路易絲公主幸得萬全，那兩槍都沒有命中，但這起事件讓他們飽受驚嚇。德國民眾也震驚不已。刺客名叫艾米爾・馬克斯・霍德爾（Emil Max Hödel），職業為水管工，本是萊比錫社會民主協會（Social Democratic Association）黨員，後因無政府主義觀點而被開除黨籍。人們對老皇帝寄予無限同情，霍德爾受審並獲判有罪，於同年八月處死。儘管霍德爾已失去黨籍，但他跟社民黨的關係足以迫使帝國議會通過反社會主義法律，至少俾斯麥這麼覺得。他再度提出草案，民族自由黨則再度回絕，主張光是一名單獨犯案的刺客並不足以作為壓迫基本自由的理據。

俾斯麥後來得到另一次機會。俾斯麥在帝國議會中遭遇挫敗的一週後，傲然的威廉再度踏上椴樹下大道，接受子民的喝采。他沒有察覺到，卡爾・諾比林博士（Dr Karl Nobiling）已經在大道邊的一處公寓裡架好一把雙管獵槍。皇帝從窗下經過時，諾比林朝他開槍，幾枚彈丸擊中這名老人的胸部與下半身。刺客立即以左輪手槍自戕，後因槍傷而死，至於傷勢嚴重的威廉則急送回宮。俾斯麥的祕書提德曼（Tiedemann）說，首相得知皇帝遭到槍擊，氣得把枴杖摔到地上，高喊：「現在就解散帝國議會！」喊完才想到要問威廉的傷勢如何。[17]俾斯麥不愧對他那典型的現實政治作風，他最關心的是如何利用局面，在帝國議會中取勝。皇帝生還了，他的釘盔（Pickelhaube）擋住彈丸，因

17 Eyck.

此頭部沒有中彈。

相較於霍德爾，諾比林跟社民黨的關聯更是微不足道，但皇帝這回真的受了傷，那就夠了。俾斯麥解散帝國議會，並舉行大選。他聲稱威廉之所以受傷，都是因為自由派拒絕通過反社會主義的法案，形同默默參與了第二次令人髮指的暗殺行動。德國民眾團結起來，用選票表達捍衛國君的立場。社民黨失去將近二十萬票，民族自由黨也連帶失去十三萬票，相當於二十九席。因為不希望進一步失去民意支持，議會中剩下的自由派現在多半向保守黨派一樣支持該法案，法案於是在一八七八年十月通過。

所謂的《社會主義者鎮壓法》查禁了包過工會在內的所有社會主義組織，並禁止其公開集會與出版品。一千五百名社會主義者因此被捕，逃往海外的人數更多。但社會主義和社會改革浪潮在歐洲已經無法靠立法禁絕。作為政黨，社民黨雖然遭到查禁，但個別候選人仍然能獨立參選，因此還是有社會主義者，像是創立社民黨的李卜克內西與貝貝爾，能夠獲選進入帝國議會，暢所欲言。反社會主義法在一八九〇年終於廢除，此時社民黨已經獲得百萬選票，在帝國議會中握有三十五席。社民黨更上一層樓，在一九一二年成為德國國會最大黨。

俾斯麥體認到自己無法阻擋潮流，於是迅速採取行動，欲透過「國家社會主義」（state socialism），把工人階級拉到自己這邊。國家社會主義是與彈壓性立法措施之「硬」所並施的「軟」，以一系列進步措施安撫工人階級，化解他們的政治憤怒。就連舊制度的死忠支持者，也同意所謂的「社會問題」必須對治，因此俾斯麥實施福利措施時，沒有受到多少阻力。一八八三年，他通過《疾病保險法案》，提供最長達十三週的帶薪病假。《事故保險法》緊跟著在一八八四年通過，由雇主全額支付，雇主因此有很好的理由去改善工作場所的健康與安全條件。最具革命性的措施或許就數一八八九年的《高齡與殘障法案》，為七十歲以上與無法工作的人提供津貼。

雖然每每有人說俾斯麥的這些政策是卑劣的賄賂，只是為了遮掩彈壓性的反社會主義法，但我們必須回到當時的脈絡下看待。雖然他對尚未成型的社會主義威脅反應過頭，但他也打造出當時穩定與進步程度數一數二的福利國家。也許他這麼做，只不過是為了讓工人閉嘴，讓自由派顏面掃地，讓保守派支持他，所以才採取的現實政治措施。話雖如此，想在歐洲普遍認為最保守的政治體制中為福利國家打下基礎，不免要付出代價，這也難怪許多工人仍支持既有社會與政治秩序。

外交政策：三國同盟

一八七七年，俾斯麥曾闡述過自己的外交原則，這就是著名的〈基辛恩口述〉（Kissingen Dictation）。期間他大談「四面楚歌的夢魘」（cauchemar des coalitions），所有外交政策都是以這種恐懼為出發點。打從德意志帝國在歐陸中心成立之初，就有招致周邊國家團結起來，聯手反制的風險；德國若行動受限還算好，最慘的話甚至會滅國。因此，俾斯麥盡力強調德國的領土野心已經「飽和」，解決德意志問題並不代表要讓歐洲權力關係大洗牌。然而，俾斯麥也很實際，深知法國不會輕易服輸。併吞亞爾薩斯與洛林，讓兩國之間的「世仇」更加根深柢固，而仇恨則導致這起衝突持續得更久，延續到可預期的未來。準此，俾斯麥把目標轉向東方，既是為了尋求支持，也是為了把法國的威脅隔離起來。早在一八六三年，他就一語中的：「政治的祕訣？跟俄羅斯打好交道就對了。」

一八七〇年普法戰爭後，法國經濟與政治一片動盪，時機已然到來。法國沒了拿破崙三世，對於俄羅斯與奧地利等希望維持君主制與舊體制的國家來說，法蘭西共和國若作為盟友只會讓人不以為然。法國在一八七〇年的挫敗，跟一八一五年頗有相似之處。俾斯麥在政治上如此精明，事情怎麼可能躲過他的法眼？他迅速提醒奧地利與俄羅斯同行，別忘了兩國曾在一八一五年跟普魯士建立過所謂的「神聖同盟」（Holy Alliance）。一八七三年，三國算是恢復了過往的同盟關係，俄國沙皇、德國皇帝與奧匈帝國皇帝成立「三帝同盟」（Dreikaiserbund）。雖然三帝同盟主要關注東歐與巴爾幹地區的控制，但也讓法國孤立到倍感威脅的程度，因此當德軍終於在一八七三年把最後幾支部隊撤回本國之後，法國立刻展開大規模再武裝。為了在法國亮劍之前提前反制，連俾斯麥這麼精明的現實政治家也故意在一八七五年高談「密布的戰雲」。親政府的《柏林郵報》（*Berliner Post*）刊登一系列文章，公開討論對法國開戰，先發制人的做法，而文章的作者八成就是俾斯麥。同時，俾斯麥停止對法國出口馬匹與其他戰略物資，創造戰爭即將爆發的假象。結果，法國向俄羅斯和英國求援，兩國也公開向法國保證，表示不會容忍德國侵略法國。俾斯麥在〈基辛恩口述〉說得很準，這起事件徹底證明德國現有版圖就是極限，在外交上絕對沒有進一步的空間了。一旦四面楚歌的夢魘成真，雙線作戰隨之而來，就代表帝國的毀滅，無論是什麼樣的領土擴張，都不值冒這種風險。但先決條件是威廉二世得讀到，而且讀懂老首相的用心良苦。

此後終其政治生涯，俾斯麥傾其全力編織出一張複雜的聯盟與安全保障之網，加深各方對於德國「公道伯」角色的印象。一八七七至七八年，奧地利與俄羅斯在巴爾幹地區爆發危機，雙方皆試圖將勢力深入這個戰略要地，俾斯麥於是邀請歐洲各國參加柏林會議（Congress of Berlin），阻止了戰雲。柏林首度在歐洲權力政治舞台上成為焦點，而且出演的正是俾斯麥希望德國扮演的「公道伯」角色。

儘管俄羅斯在俾斯麥的局勢判斷中扮演至關重要的角色，但德國終將無法迴避與這個歐亞巨人的衝突。一八七九年的穀類關稅不僅重創俄羅斯的出口，加上德國因俄羅斯一年前的疫情而對該國肉品採取禁令，情況因此雪上加霜。[18]俄國在德國統一過程中保持中立，期盼德國未來會把東北方波羅的海一帶的部分領土讓與俄國，但如今俄方深深懷疑恐難以如願。一八七九年八月，激憤的沙皇亞歷山大二世（Alexander II）寫了封信給舅舅，也就是德皇威廉一世。由於語氣尖銳，世人將之稱為「耳光信」（Ohrfeigenbrief），簡直就像摑在臉上的一巴掌。信中指責俾斯麥害俄德關係惡化。皇帝於是邀請沙皇外甥展開對話，以恢復舊好。此時，俾斯麥正設法與奧地利商定一紙防禦條約，人稱「兩國同盟」（Dual Alliance），於一八一九年十月生效。義大利在一八八二年加入，讓條約擴大為「三國同盟」（Triple Alliance），俄羅斯只能在一旁無能為力。因此，從俾斯麥成功讓俄羅斯重回桌邊，在一八八一年重建三帝同盟，更在一八八四年讓同盟關係展延，就能看出他是多麼有外交手腕。後來奧地利與俄羅斯因為巴爾幹問題而徹底撕破臉，俾斯麥最終仍以巧妙的雙邊協議為手段，尤其是一八八七年與俄羅斯的《再保條約》。在這份高度機密的條約裡，德國與俄羅斯同意若對方遭受第三方攻擊時，己方將會保持中立，從而避免疏遠法國與奧地利。從一八八六年開始，法國戰爭部長喬治·布朗熱（Georges Boulanger）便大談特談要對德發動報復戰爭；為了不讓四面楚歌的夢魘成真，《再保條約》正是德國需要的保障。

俾斯麥編織了一張錯綜複雜的脆弱之網，而威廉一世在一八八八年駕崩後所留下的德國，正是透過那張網，與歐洲各國聯繫在一起。鐵首相所細心編織的祕密與公開聯

---

18 Heilbronner.

繫，只有他自己才懂。只有他充分了解各國當局及外交官員，能完美打出手中的外交牌面。問題只有一個：新皇帝願意讓他上牌桌嗎？

第三章

三帝一相

Three Emperors and a Chancellor 1888–1890

三位皇帝赤身裸體的樣子我都看過，那場面很難讓人有熱情……

——俾斯麥

三帝之年，一八八八年

威廉一世的長壽超乎許多人所意料。德意志帝國於一八七一年成立時，年近七十四歲的他已見識過國家漫長且劇烈的演變，自己則在多少有些不情不願的情況下，成了半神話般的民族象徵。宮廷圈內人預料，他會先領著新國家度過統一後的頭幾年，然後他的兒子會以弗里德里希三世的身分接替他掌舵。這樣的預測讓政治圈內不同派系有的樂觀，有的害怕，畢竟皇儲長久以來公開批判父皇與俾斯麥的保守轉變。他個人提倡更自由的方向，尋求國會改革，親近英國而非俄羅斯。弗里德里希的英裔妻子維多利亞（維多利亞女王的長女）在朝中亦樹敵無數。保守陣營中有不少人認為，這名聰穎、機智、敢言的女子，她的舉手投足以及直接介入丈夫事務的做法不僅不得體，而且就是在干政。她的意志遠比丈夫更堅定，很快就有傳言說是她迫使弗里德里希反對自己的父親。德皇日漸年邁，自由派與保守派陣營都開始有特定的預期，自由派希望期待已久的變革，而俾斯麥等保守派則憂心政壇大洗牌。

老威廉活了一年又一年，奇怪的局面也隨之產生。現在不只皇位繼承人，連繼承人的兒子也在展現自己的政治意圖。一八八〇年代，皇孫小威廉已二十多歲。掌權的仍然是他的祖父，而且完全有能力與俾斯麥合力治國，於是小威廉開始運用這種局面來智取爸媽。假如弗里德里希與維多利亞已經以皇帝與皇后的身分親政，這種情況絕對不可能發生。小威廉看不起母親與父親的自由主義思想，反而更貼近祖父的保守傾向，而且態度愈來愈明顯，這下宮裡面的人就很難拿捏自己該討好哪個人，才能把政權延續到未來。不可能同時讓霍亨佐倫家族的兩代皇儲都心滿意足。但時候一到，這個難題居然自己化解了。一八八七年十一月十二日，官方宣布弗里德里希得到不治之症，他得了咽喉癌，顯然活不了太久了。對於滿心期待德國邁入自由新政時代的人來說，這個消息不啻為一記重拳，但朝中之人倒是開始把注意力全都擺在小威廉身上。

俾斯麥準備跟年輕的霍亨佐倫繼承人合作，不過準備工作有了一股新的急迫感。長期以來，首相透過自己的兒子赫伯特，跟未來的皇帝培養出近乎於父子的關係，也讓他了解外交、宮廷陰謀與政治領域的情況。俾斯麥的畢生職志正面臨危險。對俄戰爭的烏雲正從天邊壓過來，國內對於他的「飽和」政策抨擊也愈來愈烈，擴張德國與建立帝國的呼聲讓壓力不停累積。此外，社會主義運動不斷茁壯，罷工的威脅已嚴重擾動國家的社會肌理。祖父將近九十歲，父親又罹患癌症，年輕的寶座繼位人得為皇帝的角色用心準備才行。俾斯麥覺得小威廉「性急魯莽，管不住舌頭，愛聽奉承，會在渾然不覺的情況下把德國推向戰爭」，而且也不避諱表達自己的這種看法。[1]要是放任他，他無心說了什麼話，或是在外交上犯了蠢，搞不好一切就完蛋了，德國將就此墮入深淵。

一八八八年三月九日，威廉老皇帝以九十歲高齡辭世，其子繼位為弗里德里希三世。弗里德里希三世治世僅九十九天便不敵癌症而逝，因此朝廷裡沒有足夠時間進行人員或政策上的改變。[2]不知道維多利亞是否以為自己擔任皇后的短暫時間，以及自己身為新皇帝之母的身分，能讓自己對德國政局有任何影響力？但她這麼想的話就錯了。小威廉出生以來，她跟小威廉的關係就一言難盡。總之，一八八八年之前的幾年，小威廉與維多利亞彼此間的不信任已經到了頂點，小威廉甚至希望公開跟她斷絕關係。弗里德里希得知自己罹癌時，維多利亞的英格蘭醫生向她保證，她丈夫只需要休息就能好轉，而她也相信自己的醫生，覺得不見得要動手術。弗里德里希死後，小威廉讓人解剖弗里德里希的遺體，病理學家在他的喉嚨發現大量癌變組織，證明病情已經相當嚴重。顯然，維多利亞主張不動手術治療是錯的。本來就有各種謠言，說弗里德里希的每一個錯誤之舉，都是這個女人在後面謀劃；如今，不動手術這個決定，也立刻成了謠言的一部分。一八八八年六月十五日，小威廉以二十九歲之齡成為德國皇帝（威廉二世）時，身邊不會有維多利亞的位子。

雙人掌舵，一八八八—一九〇年

威廉二世完全同意俾斯麥的看法，也就是俾斯麥是不可或缺之人。暫時不可或缺。「一開始，我無法在沒有首相的情況下治國，但我希望等時候到了……可以不需要仰仗俾斯麥殿下的配合。」[3]這顯然不同於他的祖父在情感上、政治上對這位容克的依賴。

1 Ullrich, p. 104.
2 Clark, *Wilhelm*, p. 25.
3 Clark, *Wilhelm*, p. 24.

年輕的威廉二世與俾斯麥。

威廉二世的祖父勉強同意以德國統一作為延伸普魯士力量的手段，而威廉自己則希望成為全德意志人的新專制皇帝。他想像自己是「紅鬍子」弗里德里希傳說中的轉世，要來帶領德意志人重返榮耀，而這番願景中並無首相、大臣與政治現實的餘地。威廉往往對自己的領袖魅力自信過了頭，他以為光是憑藉自己的人格感召，就能獲得愛戴、尊重，必要時甚至受人畏懼。他完全不懂俾斯麥是靠著複雜的外交與內政規劃來維繫德意志帝國，讓德國國運昌隆。俾斯麥的憲政體制完全是根據自己跟威廉一世的關係所設計，因此如今一點幫助都沒有。皇帝與首相必須相互扶持，願意只由其中一人主導，另一人則扮演從屬的角色。由兩名固執的普魯士人執掌德國的船舵，實在不是好兆頭。

國君跟首相之間一下子就出現嚴重分歧。由於社會主義運動在工廠與街頭獲得更大的影響力，俾斯麥於是計畫強化反社會主義法律，使之成為永久性的法律，實質上形同禁止所有社會主義活動。此舉恐怕導致大規模罷工愈演愈烈，威廉將會需要老經驗的人來處理這個問題，讓老首相變得不可或缺。一八八九年十月，俾斯麥向帝國議會提出草案，威廉則擔心這會害自己的治世出師不利。他很清楚，光是就草案進行辯論，就會讓示威與罷工延燒到必須派兵鎮壓的程度，因此他要求俾斯麥以委婉的方式起草法案文字。他在一八九〇年二月四日的詔令中，告訴首相他「決心出手改善德國工人的處境」。[4]他希望新子民愛戴自己，血腥屠殺工人絕非達成目標的手段。數十年來，俾斯

4 皇帝威廉二世詔書，一八九〇年二月四日。

麥已經習慣霍亨佐倫家族的百依百順，因此他寸步不讓，等著威廉放棄。誰知這正是帝國議會期盼已久的機會。俾斯麥主宰多年後，連天主教中央黨政治人物彼得・萊興施佩格（Peter Reichensperger）等曾經的盟友都感受到這位容克的時代即將落幕，於是議會沒有讓他的反社會主義法案過關。國家的身體如此分裂，顯然是容不下兩個強而有力的首腦。

領航員下船，一八九〇年

經過好幾個月的猶豫，俾斯麥終究是在一八九〇年三月十八日遞交了辭呈。二月二十日的選舉結果，是一道無解的議席算式。社民黨多拿了二十四席，百分之十九點七的得票率，以得票率來說是最大黨，至於同為改革派的天主教中央黨仍保有一百零六席，占據主動。首相實在不願放下手中的大權，於是訴諸激烈手段。遲至三月二日，他還公然向德國貴族勾勒出徹底推翻憲政體制的選項，表示他們可以放棄現行制度和愛造反的帝國議會，改採共同決策的方式進行統治。密謀失敗後，俾斯麥在三月十二日接觸天主教中央黨黨魁路德維希・溫特霍斯特（Ludwig Windthorst），試圖重新與保守派聯手。溫特霍斯特也拒絕了，他體認到這位老普魯士人的政治生涯已進入倒數計時，如今握有實權的人是威廉二世。溫特霍斯特也很清楚罷工者中有多少是天主教徒：假如他想繼續維持破天荒的選舉結果，他就必須為天主教徒的改革訴求喉舌。天主教中央黨領導人既不能也不會幫一位命主星黯淡的老人。俾斯麥就這麼夾在敵意甚高的帝國議會，以及渴望權力、伺機要開除他的皇帝之間。

最後一擊在一八九〇年三月十五日早上降臨。俾斯麥起床時，得知威廉要他一小時內到外交部見自己。外交部坐落於威廉大街（Wilhelmstraße）七十六號，是一處小而美的別墅，隔壁的七十七號就是首相府。這棟兩層樓的建物一直很擠，作為外交部而言實在太小，但地點非常適合俾斯麥發揮自己身為帝國內政與外交一把手的雙重角色。老容克向皇帝報到時，威廉就在自己的軍政幕僚核心成員面前激動撤回了所有對俾斯麥的支持，權力鬥爭就此結束。人人都能從這次尷尬的場面，看出老首相的時代已經結束了。人人都曉得俾斯麥失去了皇帝的信任，他沒有辭職以外的選擇。他花了兩天的時間才寫出辭職信，顯見這件事的意義多麼重大，以及鐵首相是多麼在乎自己在時人與後人心目

約翰・譚尼爾（John Tenniel）爵士的知名漫畫，一八九〇年發表於英國《潘趣》（*Punch*）雜誌。

中的形象。即使按照俾斯麥的標準，這封優雅的辭呈也絕對稱得上傑作，把自己辭職的全部責任都歸咎給威廉：

> 我畢竟忠於君主制，忠於陛下，加上相信長久以來建立的關係將永遠持續，因此結束自己與聖上多年的關係，結束在帝國與普魯士的政治生涯，著實令我深感苦痛；……我始終以為是陛下希望仰仗一位忠實老家臣的經驗與才幹，否則我會更早向陛下遞交辭呈。如今我確定陛下不再需要這些歷練與能力，因此我將退出政壇，無須憂心輿論攻訐我的決定不合時宜。[5]

俾斯麥的辭職，成為威廉二世親政新時代的濫觴。德意志拋下了經驗豐富的領航員，改由三十一歲的年輕皇帝掌舵。德國、歐洲與全世界正目睹舊時代的結束與新時代的開端。

5 俾斯麥的辭呈（一八九〇年三月十八日）。

第四章

威廉的帝國

Wilhelm's Reich 1890–1914

皇帝就像氣球，若是不牢牢握緊線，到時候飛去哪都不曉得。

——俾斯麥

是親政，還是傀儡？

「王者之意志乃無上律」（Suprema lex regis voluntas）——一八九一年，威廉二世在《慕尼黑市金言冊》（*Golden Book of the City of Munich*）題贈了這句話。這位年輕皇帝發表過許多妄自尊大的言論，其中這一句完美總結了他的自我形象。如今，統治德意志的人再也不是俾斯麥那種盛氣凌人的舊官僚，德國將邁入光輝燦爛的皇權新時代，讓德意志民眾奮發向上，克服彼此的差異，以他們的皇帝為全民族的視線焦點。這種「鞏固與調解政策」將是威廉治世初期的正字標記。然而，政策所賴以為準的原則卻相當危險，尤其是其中對所謂「與德意志榮光為敵者」，像是社會主義者、民主人士與外部敵人等所抱持的敵意。年輕的皇帝為自己的宮殿與城堡打造燦爛、恢弘的排場作為外在，刻意與威廉大街首相府室內的簡約形成對比。總之，他試圖創造出看起來已經過時的王權形象，許多人甚至感覺到時代倒錯。等到世紀之交，這種形象將盡現在前。

人們往往把一八九〇至一九一四年稱為「威廉的」（Wilhelmine）時代，這也不無道理。過去，俾斯麥主宰了一八七一至一八九〇年，也就是德意志帝國的第一階段；威廉就像俾斯麥一樣，要為這一段以一次大戰爆發作為終點的時期打上自己的印記，而後被軍隊高層掃到一邊。俾斯麥捍衛德意志君主制，讓君主的地位不至於像英國、義大利或尼德蘭等國那樣降級，對此他深感自豪，但此刻看來卻不無諷刺。前述幾個國家的國王與女王在該國憲政紐帶中，已經變得跟「自動簽名機」差不多。[1]即便如此，俾斯麥仍下定決心，讓身為首相的自己居於德國第一份憲法的核心。但威廉有別的想法。他才不要首相、國會或大臣來節制自己的權力。漢斯—烏里希・韋勒（Hans-Ulrich Wehler）說得好，「他想同時身兼首相與皇帝。」[2]步入世紀之交，威廉這觀念已完全行不通了，偏偏直到來不及了，他才看清這一點。他對整體憲政嗤之以鼻，尤其藐視其中的帝國議會，卻反讓具有強大影響力的遊說團體、私人幕僚與政治壓力團體在檯面下獲得不受法律框架束縛的權力。身處歐洲十九世紀末的動盪之中，威廉卻缺乏能昂然獨立的人格與

1　Röhl, p. 41.
2　Wehler, p. 62.

政治敏銳度，只能任人擺布。

退休之後，俾斯麥把自己的時間用來寫尖銳的政治評論，投書給立場相近的報社；與此同時，缺乏經驗的威廉則孤身一人，為一個複雜而強大的歐洲國家掌舵，而國家正航向國內外局勢巨變的邊緣。社會主義與民主化浪潮在國內風生水起，外部壓力（像是德俄關係迅速惡化）則森然逼近。不管威廉喜不喜歡，他都需要人幫手。他根本不甩俾斯麥的憲政結構，而是靠一小群開始圍繞在自己身旁的私人幕僚，也就是所謂的「小內閣」（camarilla）。威廉趾高氣揚，過度自信，但顯然又有不安全感，兩者的奇特混合讓佞臣與狡猾的操弄者很容易上達天聽，影響他的決策。威廉的朋友，奧伊倫堡的菲利普（Philipp zu Eulenburg）是個關鍵例子。這位世故而優雅的伯爵比皇帝年長十二歲，衣冠楚楚的外表與圓熟的儀態讓皇帝留下深刻印象。而伯爵也對年輕的霍亨佐倫繼承人報以好感。奧伊倫堡生性神祕浪漫，曾創作音樂與詩歌，其中就有獻給威廉的作品，完全命中皇帝甚高的自視。兩人對於王權都有理想的願景希望實現，他們的友誼發展到奧伊倫堡可以用非正式的第二人稱代名詞「du」，來稱呼威廉的地步。幸得皇帝垂青，奧伊倫堡得以歷任像普魯士大使等各種職位，最後甚至能開始打造自己的權力基礎，讓親朋好友擔任要職，例如讓兩位堂哥奧古斯特（August）與博托（Botho）分別擔任普魯士宮宰（Marshall of the Court）與內政部長。伯恩哈特・馮・比洛（Bernhard von Bülow，未來成為首相）與毛奇伯爵（Count von Moltke）後來也打進了這個側近幕僚集團。這個封閉的小團體對皇帝有無比的影響力，而因為他們而發展出來的「不協調的專制主義」[3]，讓共和派與自由派深感不齒。

不過，雖然這位皇帝缺點多多，但子民仍然對他懷有憧憬。他活力充沛，處事自信，似乎為舊俾斯麥政權下的停滯與乏味開了新局。這位年輕、衝動的君主彷彿一八九〇年代德國經濟與社會迅速變遷的化身，他也因此受到許多人歡迎。從蒸汽機到造船，皇帝對現代科技懷抱有如孩子一般的熱烈興趣，他也相信德國引領創新的形象，對民間士氣與民族塑造都有好處。他推動許多科學研究計畫，為各種機構奠定基礎，例如一九九一年成立的威廉皇帝學會（Kaiser Wilhelm Society），也就是今天的馬克斯・普朗克學會（Max Planck Society）。他還引領賽車風潮之先，在一九〇七年主辦德國大獎賽

3 Ibid.

（German Grand Prix）的前身，亦即為了向他致敬而取名為皇帝大獎賽（Kaiserpreis）的比賽。德國民眾曉得他對各種現代事務懷抱熱情，尤其他經常巡視全國，造訪工廠、港口與大學。他簡直沒有停下來過。他每年待在柏林的時間平均不到一百天，因此人稱「旅行皇帝」（Reisekaiser）。他故意藉此呈現與祖父截然不同的形象——老威廉偶爾在民眾面前露面，但他更喜歡避靜的生活，大半時間都待在讓他感到自在的普魯士。威廉一世「年邁」、「質樸」而「普魯士」，而威廉二世「年輕」、「大膽」且「德意志」。

近年來，關於威廉皇帝個性的討論，多半是由約翰・羅爾（John Röhl）與克里斯多福・克拉克（Christopher Clark）兩位歷史學家主導，前者是英國人，後者是澳洲人，直白處理這個主題的德國學者不多。羅爾指出，德國人從歷史敘述中省略威廉的方式，堪稱「創傷」，所言甚是。他提到德國末代皇帝自二次大戰結束後如何變成「非人」（Unperson）[4]的過程；與此同時，英國人反而對威廉的曾祖母，也就是維多利亞女王懷著看似無止境的崇拜。總之，凡涉及威廉的生平與性格的主張，都得謹慎以對。千萬不能把威廉犯過的每個錯誤都當成一閃即逝的病灶與瘋狂，好像是他的這些過錯才讓一戰與後續的衝突變得必然。不過，他無疑深受時代所影響。成長過程中，德國的窮兵黷武、民族主義與不安全感深深在他青澀的心靈上留下了痕跡。

威廉的殘疾，以及殘疾對於他政治觀點的影響，已經有很多人討論過了。他是難產兒。醫生盡力避免剖腹產，於是把威廉從母親肚子裡硬拉出來，過程中傷到了嬰兒肩部的神經。威廉的左臂因此無法活動，一輩子都處於萎縮無用的狀態。威廉自詡是國家民族的化身，對於他想展現的德意志形象來說，殘疾是個極大的汙點。所以，他常常把左手置於背後，戴上手套，把手臂藏得好好的。他學會怎麼樣用一條好手來吃飯、騎馬，甚至射擊。即便如此，這個汙點終其一生都是他不安全感的來源。這件事情對於他的政策制訂究竟有多大的影響，還很難評估。如果把威廉的海軍建軍計畫與橫衝直撞的外交政策全都歸咎於所謂的童年創傷，那就說過了頭。然而，左手的殘疾想必會加劇內心深處的不安全感，而不安全感則表現為他對軍武、陽剛與盛氣凌人的熱愛。

從威廉的行動中，算是比較容易看出他對英格蘭又愛又恨。由於與英國王室關係密切，孩提時的他有不少時間在英格蘭度過，深深著迷於英國的帝國、海軍力量與貴族

4 Klussmann, p. 94.

文化。小威廉可以從外祖母維多利亞女王最喜歡的懷特島（Isle of Wight）奧斯本莊園（Osborne House）俯瞰索倫特海峽，看英國海軍的壯盛軍容，看著軍艦在普茨茅斯與南安普敦駛入駛出。威廉對船入了迷，熱愛駕駛小船，參加比賽，甚至在一九〇四年自己主辦了皇帝盃船賽（Emperor's Cup）。小男孩威廉曾經向舅舅威爾斯親王吐露心聲，說希望「將來能擁有自己的艦隊」。一八八九年，維多利亞女王主持閱艦式，德軍表現不佳，威廉因此決心打造一支能讓世人欽羨不已的海軍。他也喜歡英格蘭貴族風格，往往打扮成他們的樣子。一戰期間，他命人根據都鐸鄉村莊園風，於波茨坦興建采琪蓮霍夫宮（Cecilienhof）。威廉對英國這種奇特的著迷加敵意，意味著他一方面把這個歐洲近鄰當榜樣，希望德國能夠達到一樣的程度，另一方面又當成必須超越的競爭者。這不過是又一個例證，顯示他對於世局的幼稚觀點，將如何成為宮廷小圈子裡擴張主義者與好戰者利用的危險手段。

威廉孩子氣的性格，讓別人很容易操弄他，因此難免有人會把他在一八九〇至一九一四年間扮演的角色，用「傀儡皇帝」一詞一筆帶過。一九一八年的戰勝國認為一戰的責任完全落在皇帝身上（和談的先決條件是要他退位，沒有商量餘地），但後人對此卻有不同看法。在二戰的餘波盪漾中，關於威廉決策能力的評估開始出現翻轉。歷史學家迫切想找出兩次世界大戰之間的關聯，而且是有意義的關聯，於是他們以普魯士風格的、軍國主義的宮廷文化做為敘事的環節。畢竟希特勒政權犯下的滔天大罪，實在很難直接怪到威廉頭上。這種觀點導致威廉這號人物逐漸淡出德國人的集體記憶。他變成某種古怪、遭人誤用的工具，真正掌握權力的另有他人。這種論調過於簡化事情，對威廉實在太過輕縱。威廉在一八九〇年登基時，對德國是有清晰願景的。他要的是一個團結的國家，有強大的中央集權君主制，在科技與陸海軍實力方面領先全球。為此，他寧可不聽俾斯麥有關外交政策告急的警告，也無視街頭與工廠工人的訴求。我們不能說威廉主導一場龐大的整軍計畫，採行帝國主義政策，就是為了引發一場歐洲大戰，但他確實選擇了這條路，而且也接受爆發戰爭的可能性。

帝制德國作為經濟火車頭

悠長、寬闊的大道綿延到天邊，兩旁是高聳的灰石立面建物，此時有一輛電車隆隆而過。地面下，則是一輛嘎嘎作響、駛向波茨坦廣場（Potsdamer Platz）的地鐵。年輕的瓦爾特・拉特瑙（Walther Rathenau）乘著司機駕駛的奔馳車，眼睛盯著古老的柏林——「看那宮殿與蒙受詛咒的禮拜堂、難看的新崗哨（Neue Wache）和舊博物館（Altes Museum）。」[5]比起德國其他地方，柏林最是能代表當時的巨變。不過幾年前，愛迪生的電燈還是邊看邊讚嘆的東西。「在霄西大街（Chausseestrasse）時，小瓦爾特不停地開開關關電燈，心裡滿是驚奇，直到父親把他一把推開，告訴不高興的他說這並不是玩具。」[6]等到一八九九年，拉特瑙已經是通用電氣公司董事會的成員。僅僅四年前，德國最大電力公司打造了柏林第一條地鐵，然後與競爭對手西門子共同主宰了電力市場。皇帝對這一切很有興趣，於是邀請拉特瑙等人來到皇宮，暢談驚奇的現代科技，並資助進一步的研發。柏林本身跟德國一樣處於轉型期。馬車和地面電車並行。古老的新浪漫主義建築立面，跟著名的西方百貨（Kaufhaus des Westens, KaDeWe）等閃閃發亮的百貨公司近在咫尺；與之形成鮮明對比的，則是一排又一排的單調公寓樓房構成的工人居住區。等到一九〇五年，柏林人口將膨脹到二百萬，以驚人的速度瞬間從沉悶的「普魯士戍衛城鎮」搖身一變，成為「大都會」。[7]這樣的轉變不僅引發眾人的興奮之情，也帶動了一波科學與科技活動的榮景。內燃機、電力與醫學從一八七〇年代與八〇年代的初期不斷發展，突破實用性的障礙，進入廣泛應用的領域。普朗克等傑出物理學家在柏林進行研究，跟威廉皇帝學會保持密切關係。人文薈萃進一步吸引世界級科學家來到德國首都，最有名的就是出身符騰堡烏爾姆（Ulm）的愛因斯坦（Albert Einstein）。漢斯—烏里希．韋勒對德意志帝國經濟有過一番全面而翔實的研究，指出德國新興產業得到高水準研究的支持與強大的資金奧援，「在一八九五年三月後，引領整體德國經濟進入蓬勃發展的階段」。[8]

從一戰直到一九五〇年代，德國民眾經歷的經濟與政治慘況幾無好轉，或許也因此讓他們對於所謂的帝國盛世抱持某種美妙憧憬。不過，縱使經濟成長在地理分布、時間前後與結構上各有不同，但整體德國經濟的確經歷一段躍進期，而且連當時的人自己都

5 MacLean, p. 89.
6 Ibid, p. 88.
7 Wasserman.
8 Ullrich, p. 127.

約一九〇〇年的柏林。

感覺是一片榮景。從俾斯麥執政期間已經提速的水準作為出發點，德國工業產量光是一八九五至一九〇〇年間又提升了三分之一，成就傲人。高比例的利潤再投資於生產與研發，到了一九一三年，德國經濟總體附加價值已提升百分之七十五。對於龐大的產能而言，德國市場相當有限，必須開拓國外市場，出口量也突破天際，從一八八〇年的二十九億馬克躍升為一九一三年的一百零一億馬克。一戰爆發前夕，經漢堡港轉運的貨物價值排名全球第三，僅次於安特衛普與紐約。德國的造船業成長同樣驚人，占全球造船量的百分之十，威廉個人對於海事的熱愛可謂厥功甚偉。德國已經成為經濟火車頭，開始能角逐全球最大經濟體地位。德國民眾和他們的皇帝因此感受到一股民族自信心，老俾斯麥關於留心外交與政治的提醒也因此顯得像是舊時代的陳腔濫調。

不過，發展迅速的印象不過只是整體局面的一個角落。雖然特定新興產業一飛沖天，前景看好，但德國經濟其餘部門卻有不少腳步落後，陷入蕭條與繁榮的反覆循環，尤其受到一九〇一年與一九〇七年經濟衰退的打擊。在這類部門的從業人口間，引發一股反資本主義情緒與經濟焦慮感。馬克思幾年前就預言過，工業化國家對於利潤毫不饜足，將導致結構性的經濟問題；步入世紀之交，許多人相信他說得很對。德國人口迅速成長，從一八七一年的四千一百萬人攀升至一九一〇年的六千五百萬人，加上生產線的機械化程度愈來愈高，讓非技術勞工成為一種大規模現象，勞動力的供應形同商品，產業家可以任其所需打開或關上水龍頭。一旦產能超過飽和點，大規模失業就在眼前，遭受最嚴重打擊的則是如今都市化的週薪工人人口。第一次嚴重失業潮發生在一九〇七年的經濟衰退後，造成三十一萬九千人失業。一九一三年的高峰更是超過這個數字，失業人數達到三十四萬八千人。薪資也跟不上整體經濟成長的腳步。一八九〇至一九一四年間，其他規模相當的西方經濟體實際工資平均增加百分之四，但德國卻只有百分之一。積累的財富到哪去了？其中一個答案是所謂的「隱形部門」，也就是金融服務業，將無邊無際的利潤導入投資新貴手中。德國成為全球第三大債權國，國內銀行掌握大量金流，集中到大集團而非小企業手中。因此，人們對於銀行家與金融界菁英長期的猜疑隨之浮現，而這種猜忌一下子就跟從未間斷的反猶主義伏流匯聚在一起。拉特瑙等富裕的猶太裔產業家與投資人立刻公開擁抱德意志傳統，改宗基督教，表現舊貴族的儀態與風格等派頭。縱使如此，對於新式自由流動資本感到不滿的人，仍然對他們抱持懷疑與敵意，讓他們無所遁逃。

市場監管不彰的另一個副作用，是韋勒在他的大作中同樣深入探討過的議題，亦即所謂「法人資本主義」（corporate capitalism）的崛起。[9]亞當・斯密（Adam Smith）等資本理論先驅討論市場力量的「看不見的手」，但在許多週薪工人眼中，「看不見的手」卻是束縛，他們開始覺得經濟壟斷與寡占在擠壓自己的薪資與生活條件。一旦相同產業的工廠與公司合併或達成協議，薪資與價格就會遭到控制，利潤得到保護，也不太需要爭取勞工支持。這導致受雇者就工時、薪資或勞動環境進行協商時，幾乎沒有任何發言權。勞工希望自己這一方達到類似程度的共進退，工會會員人數因此增加（一九一三年，工會成員居然有三百萬人），而工人階級也愈來愈政治化。一九一二年，社民黨成為帝國議會最大政黨，成為一戰前夕不可小覷的反對勢力來源。

農業是另一個瀰漫悲觀情緒的經濟部門。一八七一年，有三分之二的德國人住在人口不到二千人的社群，但這個比例在一九一〇年時已經低到百分之四十。農村人口變成不受重視的少數。雖然農產量因為新型肥料、機械化與農業研究而大幅提升，但農產價格也因此劇烈下跌。截至一八九〇年，農產品價格已下降百分之二十，農民整體變得更貧困，反觀其他每一個經濟部門的人都在賺錢。這種情況多少是個結構問題，如今的現代經濟體依然可以看到結構問題的影響。糧食的大規模生產難免導致價格下跌，農業利潤空間被壓縮到難以維持的水準，這個部門的出路也就愈來愈窄。但德國農業還有另一個問題，也就是貴族菁英（尤其是普魯士容克）對文化變遷抱持抵制態度。他們把土地所有權與自己的生活方式，視為必須保存的傳統，要與新貴們難以下嚥的「貪

9 Wehler, Ch. II.

婪文化」相抗衡，至於現代經濟管理技術、創新和投資也全都免談。農業部門因此深陷煉獄，夾在封建傳統與大規模生產之間——這種要命的組合技，導致許多勞力被迫前往城市。

威廉政權也沒有出多少力去打通農村與繁忙的都市。農民坐困愁城，不受重視，加上貧困所逼，導致民怨漸增，文化裂痕加深。貴族有德意志土地聯盟（German Agrarian League，一九一三年坐擁三十三萬會員）等組織為其喉舌，農工與小農則在怨念的沉默中受苦。

德意志民族愈來愈有自信，開始在盛氣凌人的年輕皇帝帶領下，往俾斯麥外交政策所設的界線之外尋找經濟契機。無論新舊貴族圈，經濟擴張的呼聲愈喊愈響。容克需要出口市場以化解農產過剩問題，工業家則擔心原物料供給量終將趕不上德國的需求量。兩個群體皆點出英法兩國及其遍及世界各地的帝國領土，主張德國必須打造自己的經濟帝國，否則長期下來將無法與之競爭。他們組成泛德意志聯盟（Pan-German League）等壓力團體，以社會達爾文主義為支柱，認為德國總有一天得為自己在歐洲的位置而奮鬥，「建立帝國」因此成為民族存亡問題。在壓力團體當中，泛德聯人數不是最多，但成員影響力最大，「資金充裕，頗有媒體影響力」[10]，因此能左右輿論。泛德聯與德意志殖民學會（German Colonial Society）密切合作，該學會在一九一四年擁有四萬二千名會員。學會甚至是幾位國會議員的金主。這兩個團體如今可以把經濟論述加進遊說項目中，直接命中威廉自己的幻想與跟英國匹敵的渴望。

一八九〇至一九一四年，一個自信的民族挾其強大經濟意志力，在崛起的過程中不斷高喊要擴張。俾斯麥力陳要戒慎恐懼，強調德國的志向（無論是財政還是其他方面）都只限於中歐，威廉則是掀開了鍋蓋，釋放要擴張於全球的民族主義呼聲。擴張的呼聲之下，一開始就潛藏著一股令人不安的社會達爾文主義伏流，令其他歐洲國家憂心忡忡。一旦講到德國要為了自己挺身而出，在世界各國中尋得應有的地位，權力平衡的概念突然間就消失在背景裡。無論是鋼鐵、煤炭、工業產品的產出還是人口數，德國都超越了英國與法國，可以說德國在一九一四年已經擁有各種有利戰局的要素；假如有任何人膽敢阻擋這個年輕國家邁向輝煌，德國也沒有需要避戰的戰略理由。此外，科技與經

10 Sturmer, Ch. 4.

濟的持續成功，顯然是民族自豪感的豐沛泉源，許多德國人深受鼓舞，願意放下分歧，出於愛國心而團結起來。「社會帝國主義」（social imperialism）的號召力實在強大。

新航向，一八九〇—一九四年

一八九〇年三月十八日，威廉皇帝一收到俾斯麥的辭呈，就召見資深幕僚，宣布新任帝國首相的名字。想當然耳，皇帝沒有想過要諮詢乃至於知會帝國議會。威廉二世選擇任命普魯士將領列奧．馮．卡普里維（Leo von Caprivi）作為俾斯麥的繼任者，他一開始就告訴卡普里維，這個位子只是暫時的，畢竟他不認為未來還會有首相一職。他只是需要有人幫助自己打理政務，到他累積足夠的經驗，獲得德國民眾的支持，能夠在核心幕僚的輔佐下以專制君主身分統治就可以了。不過，事實證明卡普里維不僅有自己的目標，而且他已經透過威廉幼稚的專制新時代大夢，看穿了德國政治的現實。

卡普里維是個奇妙的人選。德意志帝國經過開國元勳俾斯麥領導二十年之後，想要接下他的棒子並非易事。卡普里維絕非對位換人。他是功勳彪炳的陸軍將領，以高效而冷靜的組織能力聞名。卡普里維證明自己是普魯士參謀總長赫爾穆特・馮・毛奇（Helmuth von Moltke，編按：人稱老毛奇）最有才華的一位徒弟，升遷飛速。普法戰爭期間，他以相當年輕的三十九歲之齡獲命為陸軍第十軍（Tenth Army Corps）參謀長，引發不少爭議。不過，卡普里維迅速展現自己的稱職，不僅贏得軍中許多人的尊敬，也得到民眾的高度認可。戰後，他就職於普魯士戰爭部，並且在一八八三年跨行官拜海軍中將（Vizeadmiral），成為德國海軍最高指揮官。妙就妙在當威廉一八八八年登基時，卡普里維並不認同威廉將德國海軍擴軍到足以匹敵英國海軍的大夢，甚至因此覺得自己必須辭去海軍的職務，回到陸軍原職。卡普里維認為德國海軍的目標應當限於歐洲的防務，而非擴編為能夠縱橫四海與英國和法國對幹的勢力。俾斯麥不僅認同這位堅守原則的普魯士軍人，也同意他對海軍的觀點。因此，卡普里維獲命接任自己時，俾斯麥深表讚許。

據美國歷史學家羅伯特・馬西（Robert Massie）描述，卡普里維是「普魯士軍官的典範」。擔任首相時，他是個五十九歲的單身漢，過著「斯巴達人的生活」：「不抽菸，密友很少，對手也很少。他讀史書，而且英語流利。他動作輕柔，態度平易近人，講話明理。」[11]

如此說來，此君感覺很適合扮演過渡時期的首相角色。不僅堪當大任，聲譽卓著，高效管理的實績擺在眼前。威廉理所當然認為卡普里維心中的普魯士軍魂，會讓他成為國王無庸置疑的忠僕，不像頑固死板的俾斯麥。不過，卡普里維的髮線不斷後退，又留著茂密的白鬍髭，頭型又很圓，跟前任首相頗有幾分相似，可見威廉選他也有故意成分。威廉認為，自己找到了個外表浮誇但內裡聽話的執行者——這套內外組合堪稱絕配，能讓立憲君主制平順轉型為個人統治。事實證明，威廉沒有看人的眼光，而且這不是他最後一次看走眼。

卡普里維的首相任期起了個好頭。他告訴《柏林日報》（*Berliner Tageblatt*），認為自己的任務是「繼偉人與偉業的時代之後，帶領國家回到正常生活」，[12]並說明自己無意成為前任的分身，而是想掌穩方向，穩定德國內外的局勢。各方都覺得這個路線很好，無論德國民眾、俾斯麥還是威廉本人都深有同感。卡普里維擔任首相九個月後，皇帝在一八九〇年聖誕節寫信給外祖母維多利亞女王說：「大家都跟卡普里維處得不錯。……友方崇拜他，對手尊敬他。我覺得他是德國有史以來最優秀的人物之一。」[13]

威廉渴望得到子民的愛戴，這是當務之急，因此他積極想打破俾斯麥激進的反社會主義路線，卡普里維也同意和解是未來的出路。他們共同駛上國內政策的「新航向」，旨在結束階級鬥爭，讓德意志帝國內部團結一致。

一八九〇年大選結果顯示，社民黨以選票數而言是第一大黨（但選區結構有利於面積廣大但人口稀少的農村，而非社民黨的大票倉，也就是人口密集的無產階級都市地盤，因此選票只換來不到百分之十的帝國議會席次）。局勢很明顯，假如威廉希望國會批准擴建海軍的追加預算，他就必須得到德國工人與人氣漸高的天主教中央黨的支持。嚴格來說，俾斯麥的反社會主義立法成果仍在，但卡普里維政府並未實施，不久後更是將之完全廢止。社會主義者因此得以自由參選，不受限制，讓工人階級得到在政治上發聲的機會。卡普里維也對天主教中央黨黨內的波蘭派系讓步，允許德語裔學童人數不多

11 Massie, p. 112.

12 Ekkehard, p. 949.

13 Massie, p. 113.

甚至沒有的學校可以用波蘭語從事教學。經歷漫長的反社會主義與反天主教時代，卡普里維這兩項措施立刻為和解定下基調。

卡普里維覺得自己在第二年任期可以更進一步。一八九一年，他提出大量的社會改革計畫，像是星期日禁止工作（德國至今依舊如此）、禁止未滿十三歲的童工，以及為了減少女性被當成廉價勞動力剝削的情況，設下了每週工時最高十一小時的限制。這種溫和的調解態度，也一體適用於他擔任首相的施政風格。過往，俾斯麥試圖控制柏林政治生活的各個環節，甚至禁止個別大臣與君主直接接觸；如今，卡普里維讓內閣、公務機構、帝國議會與聯邦議會彼此保持暢通，促進合作與論辯。他並不堅持威廉與個別政治人物會面時須讓自己在場或是預先得到知會。此外，他積極鼓勵普魯士大臣與相應的聯邦部會定期會面，協調政策。他對任何政黨或信條都沒有強烈的政治忠誠。說起來，卡普里維是個溫和、實際的首相，比較少從無情的現實政治角度出發，而是盡可能保持友誼，同時避免在反對派身上貼「帝國公敵」的標籤。

經過二十年的激烈攻防與密室暗盤之後，卡普里維希望為德國政治帶來實事求是、開誠布公與和解讓步的風氣；這種做法乍看之下雖令人可敬，但也稍微過於天真。在多年的打壓後允許社會主義者暢所欲言，反而讓街頭與工廠內出現混亂難看的場面，一波波的罷工潮也引來工廠主與實業家的激烈反對。後者跟帝國議會內的特定極端派系腳步一致，而由於俾斯麥退出政壇，極端派的行為因此愈來愈激進，愈來愈離譜。保守黨的極端派成員經常身著制服，會議結束時高喊「皇帝萬歲」[14]，震耳欲聾，而且多半以儀式性的行為來展現自己對階級體系與君主制的大力支持。黨內的激進派與溫和保守派相爭，並且取勝。一八九二年起，帝國議會的保守派整體而言變得更右傾、反猶，讓人感到不舒服。由於這批人得到土地聯盟（一八九三年成立）在財務與政治上的奧援，因此形成有號召力且危險的反對派。卡普里維不像俾斯麥，他沒有那種跟人纏鬥到底的政治胃口。

至於外交政策，卡普里維同樣不是走俾斯麥路線。老俾斯麥辭職後才幾天，鐵首相之子兼門徒赫伯特・馮・俾斯麥也緊隨父親腳步，辭去外交大臣一職，留下一團錯綜複雜的外交政策協議。阿道夫・馬夏爾・馮・畢貝爾斯坦（Adolf Marschall von Bieberstein）

---

14 Clark, *Wilhelm*, p. 75.

從皇帝的馬屁精核心圈內脫穎而出，成為下一任外交大臣，但他外交經驗與手腕皆不足。不過，如果想用威脅、密謀與承諾打出一套讓人不得不服的組合拳，克服奧地利、俄羅斯、法國與英國彼此的利益衝突，維繫歐洲脆弱的和平，那麼卡普里維自己那種直接、誠懇的風格也派不上用場。卡普里維曾大嘆：「俾斯麥能一口氣耍三顆球，但我兩顆就是極限了。」他就任首相時，並不曉得前任首相背著奧地利人巧妙操作，與俄羅斯達成祕密的《再保條約》；但條約將在一八九〇年六月到期，必須決定是否續約。續約有個重大風險：假如奧地利發現自己的盟友跟敵人之間這紙祕密協議，則奧德關係將會破裂。另一方面，放手讓協議失效的話，等於將俄羅斯推向法國，畢竟俄國外交大臣尼古拉・吉爾斯（Nicholas Giers）先前明白威脅過。偏偏卡普里維並不知道皇帝已經向沙皇保證過，等到俾斯麥辭職，皇帝就會盡快重簽協議加以展延。當然，皇帝沒有全盤向新任首相托出。因此，首相決定不再展延協議時，俄方深感受辱。緊繃的外交關係隨之而來。

還有一項艱難的決定等著：在一八七九年的《關稅法案》依然有效的情況下，德國要如何解決出口與貿易方面的經濟問題？除了德國出口遭受人為障礙之外，德國國內糧食短缺也導致糧價上漲。糧價上漲，則生活成本攀升。降低關稅的話，就可以同時對治前述所有問題。於是在一八九二年冬季，卡普里維與奧地利、義大利和比利時達成一系列貿易協定[15]，並且在接下來兩年間與其他小國達成類似協議。此舉自然讓保守派遊說團體，以及保守派在土地聯盟中的友人怒不可遏。他們高唱反猶與反資本主義論調，譴責首相的政策是在打擊德國農工業，縱容所謂的全球化猶太金融菁英侵蝕德意志價值，遂行其貪婪。只要皇帝仍然支持自己，卡普里維大可無視這種沙文主義訴求，但到了一八九四年，他跟主君和保守派的不和已無法轉圜。

一八九三年因此成為卡普里維下台的濫觴。本是軍人的他，向國會提出一套改革方案，期盼推動軍隊現代化，並強化戰力。為了將義務役役期從三年降為兩年，承平時期的常備軍將增加八萬四千人。帝國議會拒絕通過提案，卡普里維於是解散議會，新選出的議員更願意支持是項提案。此舉乍看之下成功，但威廉核心圈內的軍隊高層非常討厭別人干涉軍隊架構，於是開始對卡普里維發動猛烈的圍攻。威廉仍支持自己的首相一段

15 Kitchen, p. 182.

時間，但工人的罷工行動與社民黨在一八九三年大選的成功，顯示社會主義情緒高漲。要如何回應才是上策呢？威廉與卡普里維為此鬧翻了。卡普里維敦促皇帝讓更多步，但皇帝對於安撫工人卻一直失敗感到厭煩，希望採取激進手段鎮壓社會主義浪潮。威廉曾在一八八八年表示「我願為乞丐王」（Je veux être un roi des gueux）。然而，四年來試圖安撫愈來愈拚命的德國無產階級，卻讓這位「社會皇帝」變得不想再照顧他人，對局面感到幻滅。如今面對反對派、皇帝幕僚甚至是皇帝本人的聯手反對，卡普里維的地位變得搖搖欲墜，於是他在一八九四年十月請辭。短暫的和解實驗失敗了。「新航向」已經結束。

權力洗牌，一八九四—一九〇〇年

找人接替卡普里維並不容易。至少人人都尊敬這位有能而正直的軍官。然而，卡普里維的例子已經說明，要想在帝國議會中平衡社會主義者、天主教徒、自由派和保守派的利益，不僅愈來愈難，甚至變得不可能；保持平衡的同時還要讓貴族、軍方與威廉本人感到滿意，簡直是天方夜譚。此外，任命卡普里維，本意是作為皇帝親自掌舵之前的過渡方案。說不定親政的時機已經來臨了？威廉抱持近乎於神祕崇拜的看法，認為皇權有啟迪人心的力量，能夠超越階級、信條與宗派，他也因此深信自己終將成就卡普里維與俾斯麥所不能，將紛擾不休的德意志人團結在自己的黑白紅旗幟下。但是，若要團結德意志人，就需要讓他們對民族的偉大心生嚮往。作為「世界強國」（Weltmacht）的德意志，將會是集體民族榮耀的泉源，讓人沛然莫之能禦。俾斯麥與卡普里維錯就錯在這點上。「舊歐洲」實在容不下德意志的野望。德國不是幾乎在各方面都超越了歐洲鄰國了嗎？下一任的首相不會擋在威廉和他的子民之間，也不會阻擋德意志稱霸世界。

從工作內容來看，霍恩洛爾—希靈斯菲斯特的克洛德維希（Chlodwig zu Hohenlohe-Schillingsfürst）似乎是個不錯的人選。他跟威廉關係親密，威廉都叫他「克洛德維希舅舅」（威廉的岳母是霍恩洛爾家族的人）。[16]年輕的皇帝孩提時就認識他，因此都用非正式的「你」（du）來稱呼他。霍恩洛爾一方面跟皇帝關係匪淺，一方面又有許多親戚出

16 Stolberg-Wernigerode, p. 488.

任政府要職，因此成為擴大皇權、深入憲政體制的可靠前驅。他高齡七十五歲，比俾斯麥年輕不了多少。這一點對他有利，因為威廉要的不是某個想開闢職涯一展抱負的年輕首相，而是想在帝國議會裡先擺個「稻草人」，擺到自己完成體制改革。對於帝國議會中彼此傾軋的派系而言，霍恩洛爾也算是最大公約數。他是法裔天主教徒，能代表南方的利益，說不定還能修補政府與天主教中央黨的關係。另一方面，從一八四八年起，他便支持由普魯士領導德意志。他因為反對「越山主義」（ultramontanism，視教宗為世上最高道德權威的一種思想）而支持俾斯麥的文化鬥爭，也反對教宗呼籲天主教徒抵抗的做法，結果天主教中央黨有不少人視他為叛徒。他的政治立場溫和，過去以自由派與自由保守派身分擔任帝國議會一員，如今則不屬於任何政黨，威廉期盼他的無黨無派能讓他以首相身分形塑出有實際作用的國會多數。一八八五年，俾斯麥任命他擔任亞爾薩斯—洛林總督，期待他的天主教與溫和態度有助於緩和法語人口的怒氣，使他們成為德意志帝國的一員。此行稱不上特別成功，但足以證明其忠誠，總之從各個角度來看，他似乎都是首相一職的合適人選。

威廉召回霍恩洛爾，要他擔任帝國首相，但霍恩洛爾並未因此欣喜。霍恩洛爾深知皇帝只是想找個手偶，他懇求皇帝，表示自己老朽年邁，身心兩方面都無法達到這份工作的要求，何況自己也不善於公開演說。再者他手邊也沒有獨立的資金能支付首相一職所需的開銷。威廉可不管這些，他答應從自己口袋拿錢，每年給首相十二萬馬克薪水，讓霍恩洛爾完全仰賴自己的鼻息。

霍恩洛爾在一八九四年十月被任命為首相後，碰到的第一項任務就令他心有顧慮，這就是經由帝國議會之手，通過新的反社會主義法律。目前議會中有四十四名聲嘶力竭的社會主義者，而投給他們的選民，將近德國全體選民的四分之一。法案的措辭相當小心，明確提及的只有「無政府主義者」。除此之外，法案主要是針對「質疑國家與社會基礎的人」。[17]然而，大家都曉得威廉已經厭倦了當「乞丐王」，打算讓街頭與工廠的動盪局面立刻結束。一八九五年，帝國議會否決該項法案，令威廉暴跳如雷。他要求解散帝國議會，實施戒嚴；對他來說，君主居然無法遂行其神聖意志，可謂荒唐至極，因此他要一口氣推翻這種局面。霍恩洛爾力諫皇帝再次考慮，指出南方諸邦乃至於德國民眾

17 Nonn, p. 69.

對這些措施相當抗拒。《再保條約》失效後，卡普里維未能阻止法俄簽訂協議，四面楚歌的夢魘正威脅要摧毀德國，此時若強推法律，恐引發嚴重內戰。皇帝終於願意理性討論，而他的稻草人首相顯然比預期還來得有骨氣，但這麼硬頸也會讓首相失去所剩無幾的操作空間。反社會主義法律推行失敗後，政治勢力重組，霍恩洛爾因此被邊緣化，隨之而來的則是威廉個人統治的顛峰。

一八九六年一月十八日，威廉在德意志帝國成立二十五週年慶向德國民眾宣布：「德意志帝國已成為世界帝國（Weltreich）。」社會主義者的反應集揶揄與憤怒於一爐。對皇帝來說，他們的反應徹底證明兩件事：其一，社民黨果真是一群「沒有祖國的傢伙」；其二，現有的政治體系讓他們握有影響力，簡直是莫名其妙。雖然威廉受制於憲法，不能在沒有帝國議會同意的情況下通過法律，但他有權任命或開除官員。威廉於是不顧首相的強烈建議，開始任命極端保守派與揣摩上意的人，擔任普魯士與聯邦層級的眾多官職。安插這些人本意是為了貫徹他的意志，但事實往往證明他們心懷鬼胎，操弄皇帝。

威廉任命自己圈子內，也就是「小內閣」（有時也稱為林登堡集團〔Liebenberg

Circle」，得名於奧伊倫堡的菲利普在布蘭登堡的莊園）的不少成員，讓他們掌握大權。林登堡集團的關鍵人物是伯恩哈特．馮．比洛，一八九七年獲任命為外交大臣。比洛跟奧伊倫堡一樣浪漫成性，也同樣憑藉自己的派頭與巧妙的操弄迷惑了皇帝許多年。照道理，身為外交大臣的他是首相的下屬。不過，霍恩洛爾跟比洛一開始就達成協議，霍恩洛爾將盡可能坐在首相大位上，比洛則在幕後操盤。威廉指示比洛，他的任務是在不至於引發與英國戰爭的情況下打造一支艦隊，將德國軍力投射到海外。威廉高唱「比洛將是我的俾斯麥」，同時期盼首相能完成不可能的外交壯舉。比洛的建軍任務得到阿爾弗雷德．馮．鐵必制（Alfred von Tirpitz）之助；一八九七年，鐵必制獲命擔任德意志帝國海軍大臣。雙岔鬍是鐵必制的正字標記，長得就很適合這個位子，完全命中威廉對於海權的幼稚幻想。一八九七至一九一四年間，鐵必制遵循一項涉及範圍甚廣的政策，將德國海軍的實力推上世界之顛，僅次於大英帝國。這項「艦隊政策」（Flottenpolitik）本該由比洛透過外交手段達成，後來卻成為英德摩擦的焦點，局勢最終上升，引發第一次世界大戰。

不過，威廉小內閣最有影響力的人當然還是奧伊倫堡——他掌控年輕皇帝，靠的不是自己的政治才能，不是影響力卓著的親朋好友，甚至不需要靠直接接觸。他跟皇帝之間維持的是「情感的而非空間的」關係[18]，他甚至避免靠近柏林的宮廷，寧可在休閒場所見到威廉。比威廉大十二歲的奧伊倫堡，成了年輕皇帝的情感支柱，有如一位不受柏林政治密謀所染的知己，是能與他共享對於浪漫詩詞、神祕主義與崇拜的人。奧伊倫堡「一手挾著獵槍，另一手拿著歌本」[19]，成為威廉圈內與他最貼近的政治幕僚。年輕皇帝對良師益友的渴求，從來沒能在自己的父親或俾斯麥身上得到，而奧伊倫堡巧妙營造一種親密感與真摯友誼，操弄了皇帝的這種追尋。兩人的友誼固然真誠，但卻也是奧伊倫堡的政治工具。他把比洛當成理想人選推薦給威廉，直接影響了比洛的任命，讓他接連成為海軍大臣與首相。其實，比洛在一八九七年奉召到柏林出任自己的第一個職務時，中途還先下了火車去見奧伊倫堡，問他怎麼樣與威廉相處最是妥當。

這麼說來，一九〇〇年時，局勢是否盡在威廉掌控中呢？他當然會這麼想。他公開提倡個人統治，表現得愈來愈像是帶領德國邁向世界強權地位的皇帝。他自視為民族的化身。「世界強權是他神聖統治權的延伸」[20]，他則任命所有必要的大臣與幕僚來實現這點。他確實身居一切的最中心——他真的這樣以為。比洛巧妙強化了皇帝的自我感覺，公開表示自己甘為「個人統治」的工具。奧伊倫堡不斷對比洛耳提面命，告訴他只能領著威廉往正確的道路走，絕不能用強逼的。兩人機巧利用年輕君主的反覆無常、政治經驗不足與安全感的需求。霍恩洛爾遭到排擠，顯然比洛會接替他的位子，大玩憲政遊戲，推行的其實是威廉的旨意。

然而，克里斯多福．克拉克研究得很透徹，由自己人出任大臣也不會讓絕對專制的新時代來臨。閣員再怎麼洗牌，都沒法把帝國議會變不見，而軍事預算能否支出與法案能否通過，仍然掌握在議會手中。德國民眾選出的代議士如果不同意，威廉就是沒有辦法展開他的世界政策，也沒有辦法擴建德國海軍。投給社民黨的選民愈來愈多，社民黨也在一九一二年成為帝國議會最大黨，無法就此忽視。假如威廉硬是要在德國推動更集權、更個人的統治，脆弱的聯邦恐怕會就此瓦解，內戰的可能有十之八九。想維持德國

18 Clark, *Wilhelm*, p. 103.

19 Eulenburg in a letter to WIlhelm. Quoted from Clark, *Wilhelm*, p. 104.

20 Massie, p. 141.

威廉皇帝逐漸覺得自己是世界帝國的領袖。海登（Heyden）繪，約一九〇〇年。

統一，卻又要德國完全屈服於皇帝，這是不可能的。威廉不得不暫時接受現實。

君主制度除了由下而上的壓力以外，也受到上層菁英的包圍。儘管讓威廉以為事事都是經過自己同意，但小內閣其實對他在情感上與政治上的控制都很強。此外，軍隊高層也愈來愈大膽，跟著實業家、容克與壓力團體一起吵鬧。對威廉來說，「世界政策」（Weltpolitik）似乎是各方唯一的公約數。只要他能指出一條讓德意志壯大的路，以俾斯麥與卡普里維所不敢為的方式實現德意志的潛力，躋身世界強國，想必德國工人、菁英與政治對手馬上就會風行草偃。只能這麼做了。

世界政策：追求陽光下的一席之地

我們深信，將德意志排除在外，不去跟其他國家競爭豐饒而有前景的土地，這根本就是失策。

（說得好！）

德意志人把大地讓給一個鄰國，把大海讓給另一個鄰國，只為自己留下天空，聽由純正教導——

（眾人一片笑聲——說得好啊！）

那種日子已經結束了。如今，促成吾國航運、貿易與產業之利益發展，將為首要之務……

總而言之，我們無意擋住別人的陽光，但也要求在陽光下有自己的一席之地。

——伯恩哈特．馮．比洛，時任外交大臣，一八九七年十二月六日於帝國議會演說。

一般認為，正值國內權力重組之時，比洛針對德國殖民野心發表的演說，是德國外交政策跨越分水嶺的時刻。俾斯麥與卡普里維總是希望把德意志的願景限於稱霸歐陸，但威廉及其追隨者夢想與推動的卻是個殖民帝國。上述看法大致無誤。先前提到，俾斯麥一而再、再而三強調德國作為歐洲大國的情況已經達到「飽和」，卡普里維則蕭規曹隨，甚至在皇帝為了追尋殖民目標而要求他強化海軍時，願意為此放棄身為海軍首腦地位的程度。兩人的立場的確與一八九四年後府內高層、小內閣與皇帝本人高唱世界政策的情況形成鮮明對比。但德國的擴張現況卻是一番不同的景象。德國當時擁有的殖民地，泰半是一八八〇年代，俾斯麥尚在任時所取得的。不萊梅商人阿道夫．呂德里茨（Adolf Lüderitz）買下了德國人在非洲西南的第一片土地，後來他不斷擴大收購範圍，直到取得從南非到安哥拉的整條海岸線，總面積達到二十二萬平方英里。其中有部分土地，是呂德里茨欺騙一位部落酋長，詐取了比對方答應的還要大得多的面積；呂德里茨不久後得渾名「騙子弗里茨」（Lügenfritz），俾斯麥也受到壓力而採取行動。一八八四年大選將臨，輿論壓力愈來愈大，首相只好將呂德里茨在非洲的土地置於德國的「保護」之下（出於外交原因而避免使用「殖民地」一詞）。德屬西南非因此成為德國海外擴張的濫觴。同年，多哥、喀麥隆與德屬東非（今坦尚尼亞、蒲隆地與盧安達）成為德國殖民地，俾斯麥也在柏林主持剛果會議（Congo Conference），旨在協調歐洲國家對於非洲的支配。隔年，亦即一八八五年，德國得到太平洋殖民地。[21]也就是說，俾斯麥並非全面禁止海外擴張。德國商人與其他私人利益團體自動自發，爭相購買土地，他根本

21 Kretzschmar, p. 10.

無力阻止。然而，後卡普里維政權與過往不同之處，在於以前的政府明確表示不鼓勵這種做法，而且各部會合力向法國乃至於英國保證德國無意在非洲與亞洲與之競爭。從一八九七年比洛對帝國議會發表的演說可以知道，政府的論調已有重大轉變。德意志將不再迴避與其他大國的競爭，也不會坐視德國在世界舞台上淪為二流角色。

比洛是在德國海外擴張及於中國，引發爭議的情形下進行此番演說。租借中國膠州灣作為德國東亞海軍基地的做法為人所熱議，畢竟此舉顯然會傷害德國與英國的關係。當局主張如今的德國是個強大的國家，在經濟上領先所有歐洲競爭對手半個身位，認為沒有必要不計任何代價避免摩擦，於是推動租借。一八九八年三月六日，德國與中國就租借膠州灣達成協議。世界政策從此全速前進。英國與法國的海外帝國領土對其經濟至關重要，德國的殖民地對本國則沒有這種影響力，但德意志殖民帝國仍然令人戰慄。德國戰艦大搖大擺穿越英吉利海峽，經過英國與法國沿岸，前往在非洲與亞洲的領土——光是想到，就讓那兩大世界強國感到不悅。

無論是比洛、霍恩洛爾還是威廉皇帝，都沒有俾斯麥的外交手腕，殖民擴張等於是讓緊張與疑慮漸增。前首相與帝國開國元勳正好在自己仔細編織的外交政策網路瓦解時過世，就像某種預兆。一八九八年七月三十日，俾斯麥辭世。由於組織壞死未能得到治療，引發高燒，神智不清的他喃喃說想再見愛妻喬安娜一面（喬安娜已於四年前去世）。隨著這位開國元勳的死，以及其繼任者的施政，俾斯麥所展望的德國未來願景也在一八九八年畫下句點。

無論面積多麼小，德國現在的殖民地已遍布各大洲，德國海軍因此必須大幅提升軍力。如果想繼續掌握殖民地，不受當地叛亂與歐洲競爭國家的影響，德國就必須擁有一支靈活強大的海軍，以迅速且有效進行打擊。光是擁有威懾力量，就足以值得投資。抱持這種想法的絕對不只德國人。一八九〇年代，全體歐洲國家以及美、日等大國已經開始擴編海軍，假如德國不跟上，就會孤立在原地。全世界都認為，畫地自限於陸軍的發展，中長期下來只會在政治方面流於平庸。擴軍的想法與當時不斷增強的民族主義情緒密不可分。在西方民主國家，主打對本國有利的事情可以在政治上加分，提倡國際主義則會被人當成顛覆與不愛國。海軍操演、陸軍閱兵與其他大秀國力的做法不僅深受歡迎，更有助於贏得選民支持。歷史學家克里斯多福．諾恩（Christoph Nonn）指出，德國與其他大國不同之處在於先天不利的起跑點，跟該國在經濟與地緣政治的分量完全不

威廉皇帝與諸子著海軍制服。

相稱。[22]正當法國與大英帝國的腳步開始跟著工業化的速度而放緩，一切對德國來說卻彷彿要飛速前進。老牌國家的預期局勢顯得黯淡無光，德國的前景卻是一片光明。一八九〇年代時，即便是義大利與美國等所謂二等海軍強國，也比德國強大得多。德國不能這樣下去。一八九八年起，德國海軍展開大規模擴軍，在海軍上將鐵必制領導下，駛向命中注定的艦隊政策。

當時，世界各國學者、政界人物與軍事策略家早已肯定帝國與海軍實力，也就是世界政策與艦隊政策之間互有關聯。美國海軍軍官阿爾弗雷德・賽耶・馬漢（Alfred Thayer Mahan）在《海權對歷史的影響》（*The Influence of Sea Power Upon History*）一書中總結各方看法，主張誰統治海洋，誰就能統治世界。這本書在一八九〇年出版後，威廉皇帝不僅手不釋卷，甚至想整本生吞活剝。他在給朋友的信上說：「馬漢上校這本書，我不僅要讀，如飢似渴地讀，還要融會貫通。我每一艘船上都放了一本，艦長和其

22 Nonn, p. 72.

他軍官每每引用內文。」[23]海軍上將鐵必制是另一位狂粉，他甚至在一八九八年找人把馬漢的書譯成德文。他深信這是本好書，凡讀過的人都會折服，於是他弄來八千本免費流通，試圖創造輿論壓力，施壓帝國議會，於一八九八年通過《艦隊法一號》。《艦隊法》授權政府建造並永久維護十六艘戰艦。儘管所費不貲，且遭到社民黨與保守派的強烈反對，但鐵必制所說的「風險」戰略還是說服了帝國議會多數議員。他的構想是，德國在最近的將來還無法與英國的海軍較勁，不過英國也不會任由德國海軍擴軍。因此，解決方法是打造海權力量，足以讓對手覺得攻擊太冒險。鐵必制認為，當德國海軍達到英國海軍力量三分之二時，上述風險就會出現，因而迫使英國與德國結盟，而非為敵。

短時間內，英國與德國在殖民事務上還有共同立場，因此風險策略仍有作用，但事實證明兩國的利益終將無法調和。英國樂於支持德國在東亞與非洲設置軍港，但不願為了與德國公開結盟而冒得罪法國的風險。雙方的合作在一九〇二年瓦解，英國於一九〇四年就北非政策與法國達成「摯誠協定」（Entente Cordiale）。威廉在比洛（一九〇〇年成為首相）慫恿下，開始試圖離間英法兩國，但他手法拙劣。一九〇五年春季，威廉到法國殖民地摩洛哥旅行，先是騎著一匹白馬穿越坦吉爾，然後宣布他將全力支持摩洛哥蘇丹從法國底下獨立。此舉意在希望英國會鼓勵這種削弱法國北非利益的路線。誰知道在一年後為了解決北非問題而召開的阿爾赫西拉斯會議（Algeciras Conference）上，只有奧地利支持德國的方針，其他所有國家都支持法國。第一次摩洛哥危機（First Moroccan Crisis）似乎坐實了德國在干預非洲，英法摯誠協定則得到鞏固。義大利與俄羅斯也跟法國建立更緊密的聯繫，德國卻發現自己愈來愈孤立。

在這種情勢之下，鐵必制很容易就能主張外交道路已經不通，而自己的「風險策略」才是被日漸孤立時唯一能保護德國的可行之道。《艦隊法二號》關於每年增建三艘戰艦，直到德國艦隊數達到兩倍的主張，也得到帝國議會通過。結果此舉反而讓英國人感到憂心忡忡，於是他們開始研發新型戰艦——無畏艦（Dreadnought），據說其戰力能抵得上一般的兩到三艘。鐵必制得知此事後，在沒有知會首相或外交部的情況下採取行動。他向帝國議會提出第三部法案，計畫追加約達《艦隊法二號》百分之三十五的預算，每年打造兩艘無畏艦與一艘裝甲巡洋艦。法案起初遭到帝國議會抵制，但摩洛哥危

23 Massie, p. xvii.

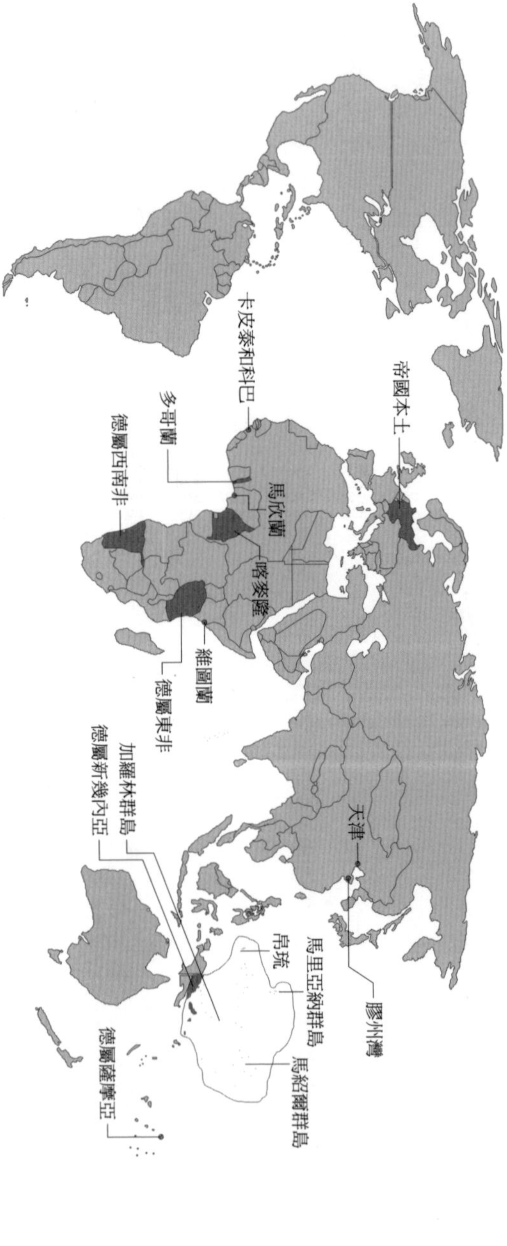

1914年的德意志殖民帝國

機後的恥辱感足以煽動民族情緒，讓法案在一九〇六年的通過變成一項愛國大任。一九〇八年的《艦隊法四號》終於引發預算危機，導致首相比洛下台，國內則繼續為了德國的造船計畫是否過於不自量力，超過國力所能承受而爭論不休。

即便有財政上的奧援，德國還是在海軍競賽中輸給了英國，甚至引發歐洲各國的憤怒與疑忌。一九一二年，新任德國首相提奧多・馮・貝特曼—霍爾維格（Theodor von Bethmann-Hollweg）終於喊停海軍的擴軍，試圖跟英國結盟，但為時已晚。結盟對英國來說沒有好處，反而壞處多多。德國海軍雖然龐大，但仍不足以對英國造成嚴重威脅。一九一四年，英國手握二十九艘無畏艦（德國有十七艘），海外帝國領土仍然是當時全球最大，而且相較於德國，法國與俄羅斯才是更重要的盟友。德國與英國殖民地的經濟紐帶，仍然比跟自己的殖民地更加緊密，而德國殖民地多半不具財政價值。總之，艦隊政策與世界政策只讓德國得到一些小殖民地和全球第二大海軍，換來的卻是外交孤立及經濟災難的前景。

德意志文化：守秩序、好紀律且尚武

德國殖民政策收穫的土地可謂乏善可陳，但它們對德國民眾卻有巨大的心理影響。一直到一九七〇年代，「殖民地舶來品店」（Kolonialwarenladen）都是「街角小店」的同義詞。[24]以前的殖民地舶來品店賣的咖啡、巧克力、菸草、糖、香料與茶葉，已經成了一般人的日常必須。一八九〇年以來，德國的店面一般都能買到這些殖民地商品，廣告圖案愈來愈引人聯想，像是大象、棕櫚樹、異國水果，或是根據種族刻板印象描繪的非洲部落民。這類商品的吸引力與消費量皆大幅提升。截至一九一四年，德國人消費了全球三分之一的咖啡，僅次於人口比德國多出三千萬人的美國。[25]德國人以其殖民帝國自豪，無論是孩子還是大人皆對此心嚮往之。

這股殖民熱情與全面的民族主義攜手而來。民族主義從十九世紀中葉的自由主義源頭，發展出一九〇〇年以降激進的「敵我」觀念。[26]自由派過去把民族國家視為政治建構，用以保證法治得以實施。但民族國家如今已不只是政治建構，同時也是文化、族群與種族的大纛。一八五九年，達爾文（Charles Darwin）發表《物種源始》（*On the Origin of Species*），又名《生存競爭中受青睞的個體之傳種》（*The Preservation of Favoured Races in the Struggle for Life*），讓自然界中「生存」、「奮鬥」與「競爭」的概念風靡一時，人們也逐漸把這些觀念當成普世的法則，不只適用於動植物，也適用於人類。身處社會達爾文主義的世界，只有最強大、最能適應環境者才能生存，而民族國家及其國民將彼此較勁，為了資源、空間乃至於生存而持續鬥爭下去。這種「國家」、「人民」與「種族」的大雜燴，以「民族的」（völkisch）一詞作為概念的宣洩口，自命為「語言警察」的赫爾曼．馮．普菲斯特—許瓦伊克胡森（Hermann von Pfister-Schwaighusen）等人甚至主張用這個詞取代national，畢竟後者源於拉丁文，而非德文。當年的自由主義者以語言與文化作為民族分野，如今的民族運動（völkisch movement）卻開始用族群的

---

24 Thielke, in Klussmann, Ch. 4.
25 Rischbieter, Ch. 6.
26 Wehler, p. 105.

（ethnic）、種族的（racial）基準來區別各個民族。一八九九年，英裔德國哲學家休斯頓．張伯倫（Houston Stewart Chamberlain）發表《十九世紀的基礎》（*The Foundations of the Nineteenth Century*），在這本影響深遠的書裡為民族運動打下意識形態的基礎。他強調古代希臘與羅馬之風雅，跟現代西歐人，尤其是德意志人之間是一脈相承：

特定幾個人類學家急著給我們上課，說所有種族都有一樣的天賦；看看歷史吧，這話根本一派胡言！人類各種族不只天性，連稟賦亦有極大差異，德意志種族屬於天賦最高的一群，也就是所謂的「雅利安人」……雅利安人身心兩方面皆卓爾不群；準此，他們是與生俱來的……世界之主宰。27

如果就這麼以族群─種族標準來勾勒「民族」，則少數族群好一點是寄生蟲，壞一點就成了敵人。張伯倫說猶太人是從「近東」進入歐洲世界的「新來的」。他在書裡一頁又一頁指出頭骨結構、五官特徵與整體體型等所謂的差異，將之描繪成種族內在劣等品格、性情的外部表徵。泛德意志聯盟等反猶組織與保守極右派順著這種思路，用惡意的論調攻擊猶太人，仇視的程度與提倡種族滅絕相去不遠。大部分人開始把反猶當成可接受的日常，嘲弄民事平權。

處在德意志種族存亡關頭的焦慮氛圍中，若是不支持皇帝、不支持殖民擴張乃至於後來的備戰工作，都是潛在的叛國，會出人命的。許多人認為社會主義者、猶太人、少數民族等所謂國際主義分子對帝國內外的安全是一種危害。這種想法在選舉與制定政策時會遭人利用。威廉和歷屆首相了解到，即便社會主義者逐漸主導帝國議會，但要推動海陸軍擴軍計畫的話，就算犧牲的是社會改革，也還是有機會通過。凡涉及軍武，威廉皇帝都很熱中，他為了把教育改革導向軍國風而四處奔走，這是他主動干政的罕有例子。威廉在教師與教育官員會議上致詞，詳述課程設計必須能塑造「強而有力之人，同時必須是知識領袖與祖國之僕」。[28]這跟早期德意志民族主義者暨教育家弗里德里希・路德維希・雅恩（Friedrich Ludwig Jahn）主導的體操運動（Turnbewegung）傳統密不可

27 Chamberlain, p. 542.
28 Clark, *Wilhelm*, p. 83.

分。兩者皆認為體格與民族身分關係緊密，「軍國主義」與「捍衛祖國」則是理想的表現方式。

總之，包括皇帝本人在內，許多德國人對「軍武」懷抱一種特別浪漫的幻想，而這種憧憬又跟社會達爾文主義與防衛性民族主義等概念交織在一起。從拿破崙手中解放德意志土地開始，到歷次統一戰爭結束，軍隊在德國統一過程中始終扮演特殊角色，軍人在民眾心中地位也很特別。所有德國男性皆須服義務役的期間，浪漫同袍兄弟情誼的想像以「德意志族群血濃於水」為基礎，得到強化。

此時發生的「科佩尼克上尉」（Captain of Köpenick）離奇事件，具體而微地詮釋了這一點。一九〇六年，犯罪紀錄一大串的失業鞋匠威廉·弗里德里希·福克特（Wilhelm Friedrich Voigt）打算利用德國人對軍隊體系的盲目崇拜。他從幾家店買東西，湊出一套上尉制服，在十月十六日早上穿起來，想試試能把人唬到什麼程度。他朝本地的兵營走去，把營裡找到的四名擲彈兵叫到身邊一起行動。接著他又從當地的靶場找來六人，一行人乘火車前往柏林的科佩尼克；下車後，福克特命麾下士兵占領市政廳。他這襲制服足以對身邊的軍人發號施令，甚至還能要當地警方在他處理要事時維持秩序。

福克特逮捕市長與財務主管（指控他們詐欺），並沒收四千馬克（還留下收據！），然後把士兵分成兩組，一組帶人犯去柏林新崗哨審問，另一組則留守市政廳。之後他換回便服，人就不見了。這麼荒唐的事件也許只是偶發，但卻體現了世紀之交的德國人對德軍制服的服從與尊重。

除了尚武，一般人還渴望秩序、紀律與穩定。德國百姓多半贊成警方強力介入日常生活（警察甚至會把逃學的小孩抓回學校）。警方的這種調性深受軍事作風影響，畢竟構成警力的人多半都當過兵。儘管如此，等到民眾開始有空閒做自己的事情，社會上層仍然會擔心失去對人民的控制。一八七一年，德國工人每週在工廠與田地裡的平均工作時數為七十二小時，這個數字到一九一四年已穩定下降到五十五小時。[29] 工時減少的同時，一八八五至一九一三年的實質薪資則提升四分之一。可用的時間跟錢變多了，德國人突然有了享受的辦法，大眾文化開始萌芽，社會上層對此無從置喙。早在一

29 Schroder, p. 287.

八九〇年，威廉就擔心工時減少會伴隨著「鼓勵閒散的風險」[30]，但大眾文化與新媒介是擋不住的。萊恩·特勞布（Rein Traub）指出，普法戰爭讓群眾突然間從無到有，開始使用明信片為媒介。原本明信片只是戰場上用來寫家書方便，後來商業前景大好，重製的藝術圖像很快就成了明信片的主題，而且人們不只拿來寄信給親人，還會掛在牆上，或是當成禮物送人，作為保存圖像的方法。隨著都市化與攝影技術發展，城市與風景題材成為明信片的新趨勢。許多學者主張明信片的流通帶來日常生活「美學化」（aestheticisation）的整體現象。大家希望身邊有好看的東西，重視自己用的家具、追隨的時尚與生活的鄰里。

教育改革為德國帶來全球頂尖的識字率——令人稱羨的百分之九十九，也就是說，連最貧困的週薪工人也能在長時間值班結束後從文字裡得到一點放鬆。一八五〇到一九〇〇年間，堪稱熱情讀者的人口比例從大約百分之五增加到百分之三十。[31]不過，都市裡的工廠勞動往往重複且辛苦，通常不會讓人們燃起讀歌德的詩或其他類似高雅作品的興趣，這讓皇帝與上層社會相當失望。多數人巴不得逃到不同的世界，作著刺激的白日夢，逃離上工日單調的例行工作。通俗讀物開始流行，有些人讀的是自己買的廉價印刷品，有些人讀工廠裡圖書室的書（許多實業家開始在廠內設圖書室），有些人則是讀報紙連載。不出所料，大家最愛讀浪漫、犯罪、冒險與狗血劇情，但德國人倒是對美國蠻荒西部故事起了獨特的興趣。卡爾・邁伊（Karl May）的「文內托三部曲」（Winnetou trilogy）於一八九三年發表後，立刻成了暢銷書。邁伊雖然寫了這些冒險故事，背景從西部荒野到美東都有，但他在一八九九年之前都沒有去過他筆下的異域。不過沒關係，異國景致不僅吸引了他，也吸引了他的讀者，而他的書在全球賣出兩億本，光是德國就賣了這個數字的一半。邁伊的作品最是能體現當時的人想放鬆、娛樂與享受的渴望。

與此同時，社會賢達（包括放眼未來居多的威廉）則認為藝術與文化是打造、維持民族認同的手段。威廉開始贊助民族主義藝術家，像是畫出數幅德意志帝國成立場面的安東・馮・維爾納。各方也開始大量委託建造民族紀念碑。質樸的威廉一世向來不善交際，但他在一八八八年去世後，自然再也無法反對人家把自己神化。獻給他的紀念碑將

---

30 Traub in Klussmann, Ch. 5.

31 Ibid.

近有四百座[32]，其中最壯觀者就數柏林的國立威廉皇帝紀念碑（National Kaiser Wilhelm Monument），出自他的孫子最喜歡的雕塑家萊茵霍爾特・貝加斯（Reinhold Begas）之手。俾斯麥紀念碑則有超過七百座，早在一八六〇年代，人們就開始為他立碑，在老首相一八九八年過世後，更是遍地開花。「俾斯麥塔」（Bismarck Towers）是最受歡迎的設計款式，歷來建造的二百三十四座中，至今有一百七十三座猶存。對於逃避現實、冒險與戰爭文化的熱愛，不分社會賢達與尋常百姓。至於熱愛的程度，或許最標誌性的象徵就是萊比錫的民族大會戰紀念碑（Völkerschlachtdenkmal）。這座高三百英尺的水泥高塔，要爬上五百多個階梯才能到達；據說，立碑的地點正是與拿破崙大軍血戰的地點。靠著官方與私人資金，量體龐大的民族大會戰紀念碑在一九一三年完工，睥睨周圍的平原，至今仍是觀光勝地。

談到音樂與文學品味，威廉與保守菁英跟子民們的差距就比較遠了。華格納的歌劇以德意志英雄風範為題材，是眾人公認能啟迪人心、激發愛國精神、富有教育意義的作品。威廉還沒當上皇帝之前，就對華格納的歌劇很有興趣。他是波茨坦華格納協會（Potsdam Wagner Society）會員，跟這位作曲家的第二任妻子科西瑪・華格納（Cosima

Wagner）亦有私交；一八八三年華格納去世後，科西瑪籌辦了拜魯特（Bayreuth）的華格納音樂節（Wagner Festival）。華格納的作品固然深深影響了社會上層，但工人（一九〇七年時占受雇者的四分之三）對歌劇興趣沒那麼大。

雖然到了一九一四年，德國各社會階級之間在文化與意識形態之間顯然已有分歧，而且距離愈來愈大，但還是有各種能團結人心的要素。德國人多半偏好秩序、紀律且尚武。軍隊跟同袍情、忠誠心與冒險犯難的浪漫想像緊緊結合，而卡爾．邁伊的通俗小說與華格納的高雅作品則是這類幻想的宣洩出口。「鬥爭」、「兄弟情誼」與「敵人」的概念，在社會菁英與工人之間創造了強大的凝聚力。若是少了這些紐帶，他們將會嚴重對立。難怪威廉與歷任首相會直覺訴諸於這類概念，畢竟這是一八九八至一九一四年間塑造共識的唯一手段。

32 Ullrich, *Nervoese Grossmacht*, p. 360.

尋求共識，一九〇〇——一四年

一八九五年，皇帝高調表示「比洛將是我的俾斯麥」，把自己對國內外政治成就的所有期盼，寄託在這位迷人的外交官身上。但比洛不是俾斯麥。沒錯，他有一定程度的自信與優雅，這為他推開了成功的外交生涯的大門。不過，當代觀察家覺得他老練世故的外表之下，其實沒有什麼料。有些同僚戲稱他是「鰻魚」，「這位年輕人身型修長，生了一副和善的圓臉，藍眼睛含著笑，還有那精心修剪的鬍子」[33]，憑著魅力一路打入威廉的核心圈子。這多少是因為他跟皇帝及其摯友奧伊倫堡一樣，熱愛浪漫、神祕、費解的事物。奧伊倫堡不僅推薦比洛出任外相，等到他跟皇帝都覺得老霍恩洛爾該是時候下台時，還推薦比洛出任首相。一九〇〇年，霍恩洛爾已經八十一歲，身子愈來愈虛弱。他原本不過是個「傀儡首相」，常常是身為外交大臣的比洛在拿捏主意。老首相無奈自己成了政治手偶，為自己不同意的政策背書，隨之而來的壓力令他身心俱疲，於是他提出辭呈，而比洛在一九〇〇年十月十七日成為新任帝國首相。

從一開始，比洛所繼承的政治分歧，就跟三位前首相當年費盡心力處理的一樣無解。社民黨在帝國議會的力量愈來愈強，想要通過日益膨脹的海陸軍擴軍預算變得難上加難。唯一的解方就是聯合其他政黨，組成規模夠大的集團，好通過首相渴望的法案。比洛稱這個概念為「合力政策」（Sammlungspolitik）。他解釋說：「帝國國內政治基礎必須夠廣，要為保守派、民族自由主義者、溫和派教士（指天主教中央黨支持者）與明理的自由左派留下空間。」[34]他認為這將有助於全民團結，並抵抗「社會革命」（social revolution）。[35]害怕社會革命幽靈的人不只比洛，許許多多的社會賢達也是。社民黨已經開始跟更左傾的自由派互通聲息，也終於把選票優勢化為更多的帝國議會席次。奧古斯特·貝貝爾讓社民黨對現實政治目標敞開大門，像是縮短工作日數與深化民主。這些目標不見得要靠革命，而是可以透過改革實現，而想改革就得跟其他政黨以及帝國當局

33 Massie, p. 185.
34 Winzen.
35 Ibid.

合作。然而，社民黨仍然使用不少社會主義式的修辭，像是呼籲無產階級革命等。這種實事求是的現實主義與激進願景的奇特結合，源自於社民黨在一八九一年制定的《艾福特黨綱》（*Erfurt Programme*），該黨綱內容反映社民黨的兩大派系，同時呼籲革命跟改革。無論是革命還是改革路線，社民黨已經成為強大而危險的反體制力量來源，當局必須靠收買與威逼，才能聯合其他政黨對抗這股勢力。

就艦隊政策的目標來說，當局的這種操作算是運作良好。相較於陸軍，海軍軍官團已經化為中產階級為主的組織，成員的出身背景與文化皆是如此。保守派每每因此稱之為「噁心的艦隊」，不僅蔑視他們的文化，也看不起他們這種自由貿易與資本主義工具的角色。但連保守派也同意，海軍不擴軍的話，德國就無法實現殖民野望。因此，只要做出足夠的讓步，總是有辦法湊出議會多數，核可海軍所需資金。爭議點不是「要不要」擴大德國海軍規模，而是「如何」擴軍。對進口品開徵關稅是一種開源方式。比洛開始著手，以爆發在俄羅斯的另一次疫情為藉口，在一九〇〇年實質禁止肉品進口。他知道此舉能討好保守的土地貴族，及其在帝國議會中的代議士。可以確定，他們會支持一九〇二年的《關稅法案》。根據是項法案，進口穀物的關稅將近一步提高，增加的部分理論上也是國家的收入。問題是，執政者必須承諾把這份增加的稅收，用在社會福利計畫上，像是孤寡撫恤基金（Fund for the Support for Widows and Orphans），才能換到天主教中央黨的票。過程中，比洛政治手腕之拙劣表露無遺。由於天主教徒選票不斷流失到社民黨，天主教中央黨領導班子希望這類慈善措施能多少留住一些選票。因此，關稅是開徵了，但面對海陸軍開銷不斷膨脹所導致的財政危機，實在難解燃眉之急。此次行動在戰術上也一敗塗地。一九〇三年的「關稅大選」中，由於比洛政策造成糧食價格上漲，糧價成為頭號議題，凡支持政府的政黨統統受到了懲罰，社民黨則是狂掃百分之三十一點七的選票。

由於進一步提高關稅在政治上已不可行，那要怎麼為世界政策愈來愈高的開銷提供資金呢？比洛頭疼不已。課稅是僅剩的選項。但是，若是以附加稅形式對商品、服務加收間接稅的話，工人與最貧困的人將受到不成比例的打擊。因此對於社民黨和天主教中央黨來說，加稅絕對不可能。對於關稅引發的物價上漲，許多自由派選民亦感震驚，他們絕不會讓自己的政黨火上澆油。唯一的選擇就是對富人徵稅。一九〇六年，比洛凝聚出能通過財政改革方案（包括累進式遺產稅）的議會多數。局勢相當弔詭，迫使比洛陷入某種「合力政策」處境——不是他跟保守派合力對抗社民黨及其盟友，方向正好相反。帝國議會首度證明自己能夠根據大多數人的利益而行動，對抗菁英。貴族地主突然得把自己的部分財富讓給國家，作為年金、福利措施與普及教育之用。當局在這種局面下，不得不進一步對帝國議員發放薪水，議員則在經濟上獲得獨立。政府殘酷鎮壓非洲殖民地的赫雷羅人（Herero）與納馬人（Nama）的部落起義時，社民黨與天主教中央黨趁機凍結殖民事務預算，除非讓帝國議會有權決定其運用，否則就不放行。比洛這下真是讓民主精靈出了瓶。[36]

一九〇六年底，糧食價格短暫下修，民眾的怨言開始平息。比洛巧妙利用情勢，解散帝國議會，重新選舉。此時的社會氛圍強烈擁護殖民，社會主義的疾呼無人聞問。整場大選在首相的包裝下，簡直成了一場以德國殖民大業為題的公投，選民則以熱烈的掌聲通過。親政府政黨成績出眾，社民黨則失去近半數席次。一夕之間，得到帝國議會共識變得容易太多，德國第一個聯合政府於焉成形，人稱「比洛集團」（Bülow Bloc）。這個集團是保守黨與自由黨共組的不穩定聯盟，兩者只有一項共同追求，也就是世界政策。雙方皆樂見德國把影響力拓展到全球，保守派是因為意識形態因素，自由派則是經濟理由，但除此之外的立法都是爭鋒相對、討價還價才得以通過。自由派通過一條法律，允許婦女參與政治組織，但作為交換，保守派也通過一項法案，讓波蘭裔地主更容易失去土地。準此，德國除了立志成為世界強國之外，就沒有任何政治方向感，有如無頭蒼蠅。等到一九〇九年，財政需要深入改革才能挹注世界政策時，保守派與自由派無法就必要稅收來源達成共識，比洛集團也終於瓦解。如今比洛完全失去對帝國議會的掌握，首相之位搖搖欲墜。於是他遞交辭呈，由副手在一九〇九年七月七日繼任。

霍爾維格為人謙和、忠誠且冷靜。他之所以能在皇帝面前立足，靠的不只是他個人與威廉的交情，也是因為小內閣成員的大力推薦。自俾斯麥下野以來，弗里德里希・奧古斯特・馮・霍爾斯泰因（Friedrich August von Holstein）就成了藏鏡人，而這一次的新首相也是他推薦的。霍爾維格的任務在於安撫帝國議會中的異音，並提出可行的計畫，為陸海軍與殖民擴張急速增加的開支找錢。歷史學家施圖爾默形容霍爾維格是一號「哈

36 Nonn, p. 80.

姆雷特般的人物」[37]，霍爾維格確實成了悲劇中人，他智慧過人，政治眼光敏銳，卻無法阻擋與自己錯身而過的歷史潮流。深感命運無奈的他淚眼婆娑，懇求帝國首相府的主事者不要說服皇帝任命自己。他向一位同僚怨嘆：「只有天才或是被野心沖昏頭的人，才會想要這個位子，而我兩者皆不是。」[38]然而，身為普魯士公僕，忠誠、職責和尊嚴就是他的反射動作；決定一下來，他便無怨無悔接受了這個職位。

霍爾維格擔任副首相期間，曾協助操作比洛集團。如今為了重建集團，他奉行謹慎改革政策。普魯士過時的三級投票制向來爭議不斷。儘管普魯士邦人口高度都市化，票投社民黨的無產階級愈來愈多，但選票權重不均，讓保守派把持著普魯士，進而主導作為上院的聯邦議會。因此，改革普魯士地方選舉方法，也就意味著改變聯邦政策方向。但選舉制度改革已經不能再拖，支持社民黨的示威遊行與罷工聲勢愈來愈強。威廉在軍事與殖民方面的野心不斷擴大，如果他希望資金能夠到位，又不至於讓街頭的罷工與示威最後演變成內戰，就不能沒有一定程度的社會與政治改革。一九一〇年，霍爾維格提議調整選票權重，而不是完全廢除三級制。軍人與學者將得到更多發言權。此舉意在讓社民黨看到已經有些進步，同時讓保守派與自由派的追隨者獲得更多政治分量，進而安撫之。說到底，這種妥協誰都討好不了，經歷劍拔弩張的言詞交鋒後，深感挫敗的霍爾維格撤回了動議。與此同時，關稅導致糧食價格高漲，政治缺乏改革，加上因擴軍計畫而來的間接稅調漲，讓人數愈來愈多的德國都市工人不滿聲音漸增。他們終於在一九一二年大選時讓各方聽見自己的心聲，社民黨則在此次大選中取得壓倒性的勝利，贏得四分之一以上的席次，成為帝國議會最大黨，但凡要通過立法，都得跟該黨合作。保守派反而因此又驚又怒，變得更提心吊膽也更固執，拒絕放行改革。

結果，一戰爆發前的末兩年成了停滯期。歷史學家諾恩稱之為「穩定的危機」[39]，這兩年的確沒有嚴重的外部衝突，但帝國議會也陷入一場讓人灰心喪氣的僵局。當時的人肯定對僵局印象深刻，才會覺得從一九一二至一四年是一段危機時期。等到一戰終於在一九一四年夏天爆發，還真有不少人懷著期盼，希望再度憑藉德意志大團結來克服政

37 Stürmer, *Key Figures*.
38 Egelhaaf, p. 123.
39 Nonn, pp. 88–92.

治上的針鋒相對。說不定德國政治靈魂的深長裂縫，能夠在戰火的重新鎔鑄下補好？俾斯麥的名言又一次在眾多德國人耳中響起：「眼下的大哉問若想做出決斷，不能靠演講跟多數決……而是要用鐵與血。」

聲名狼藉的皇帝

無論對當代的人還是後世觀察家來說，威廉都是一號反常而迷人的人物。這位皇帝尚在世時，就有一位英國傳記作家稱他為「傳說級的怪物」[40]；同情他的人覺得他是悲劇角色，是時代的囚徒，是身旁的人誤解他，操弄他。對他比較沒有好感的評論者則認為他是個自大狂，持類似觀點者如歷史學家路德維希・克維德（Ludwig Quidde）與德國公務員兼作家赫爾曼・魯茲（Hermann Lutz）；前者在一八九四年含沙射影，稱他是「現代的卡利古拉（Caligula）」[41]，後者則是用「定期發瘋」來評價皇帝。[42]無論人們對君主看法為何，他們的感受都不容漠視。德皇威廉二世的父親與祖父都是能打動人心的演說家，但他們多半只在預先選好的正式地點公開露面，講的也是提前寫好的稿子，但威廉卻是媒體君主，以近乎於現代的手法打點媒體。他腳步不停歇，從甲城到乙鎮，盡量讓多一點人看到自己。光是在一八九七至一九〇二年間，他就造訪過一百二十三座城鎮，次數達二百三十三次[43]，致詞內容事後往往會刊登在報紙上，因此不只當地人會談，而是全國都會討論。威廉深知這一點，他會翻報紙看有關自己的評論，一次就好幾個小時。即便是微不足道的細節出了錯，或是記者有添枝加葉，都會讓他非常不悅。

威廉渴望出名，卻又對形象很敏感，偏偏他「對自己的溝通職責完全不稱職」[44]，加起來就是大難臨頭。威廉一世和弗里德里希三世深知，現代君主的角色是代表國家，至於撰寫講詞、制定政策與打造外交網絡，則由專家為之。相較之下，威廉二世天真地以為自己可以恢復過往幾個世紀的王室權威和排場——當時一名宮廷官員說威廉「隨身

---

40 *Fabulous Monster* by J. Daniel Chamier, 1934.

41 Caligula – Eine Studie über römischen Cäsarenwahnsinn.

42 'Wilhelm II. periodisch geisteskrank! Ein Charakterbild des wahren Kaisers' by Hermann Lutz 1919.

43 Clark, *Wilhelm*, p. 221.

44 Ibid., p. 227.

總帶著一小件中世紀的東西」。[45]因此，他經常干預內政與外交政策，讓那些設法控制局面、降低衝擊的人感到心驚膽顫。威廉渴望能自由發揮，直接跟子民溝通，偏偏他不善於表達，找不到適合的詞彙與類比，難以滿足他對於自我表現的期待。我們難免想起現代政壇，幕僚希望把語氣調得軟一點、溫和一點，但對此感到不痛快的政客卻直接訴諸社交媒體，直接跟民眾溝通，而威廉也是類似情況。政治化妝師與發言人就趕忙發表公開聲明「澄清」，緩和其言論的影響，而這跟德意志帝國外交官拍急電給外國要人，或是比洛氣急敗壞，搶著在媒體發布威廉原話之前把改過的逐字稿重發出去，實在有幾分相似。

因此，威廉的治世從一開始就注定聲名狼藉。他的即席演講不光是沒有專人寫稿，常常連事先計畫都沒有。這類口無遮攔當中最有名的例子，當數一九〇〇年所謂的「匈人演說」（Hun Speech），也就是威廉在不萊梅港（Bremerhaven）向準備出發中國鎮壓拳亂的部隊所發表的演說。中國拳民對德國殖民者犯下暴行的謠言見諸報端，文字激憤，而皇帝果然對輿情判斷錯誤，以激情的沙文主義論調發表演說，以為自己是全體德國人的代言人：

遇到敵人就擊敗他！絕不手軟！絕不留俘！落入手中就了結他。千年以前，匈人在阿提拉王率領下揚威，時至今日其聲名仍赫赫於史冊和傳說中；願諸君以同樣的方式，到中國大振德意志人之名，讓中國人再也不敢斜眼看德意志人。[46]

身為現代歐洲國家的軍隊統帥，實在不該訴諸於大批遊牧部落穿過平民聚落，一路姦淫擄掠的想像。講好聽一點是對史事引喻失當，講難聽一點就成了教唆用非法且不人道的方式作戰。時任外交大臣比洛意識到此事將落得嘲弄與罵名，於是立刻把修改版的講詞發給媒體，把「匈人」段落整個拿掉，但威廉每一次公開失言都有一樣的問題——數以千計的人親耳聽到威廉如是說，各說各話的版本一下子就流傳出去了。社民黨領袖貝貝爾在帝國議會公開拿此事嘲笑，提到對於匈人的引經據典「莫名」從官方印刷版的講稿裡消失了。比洛在一九二〇年代回顧此事時寫道，這次演說堪稱是威廉最糟糕的演

45 Herre.
46 威廉皇帝的匈人演說。

說，但此時他的觀點想必已經被英國人在一戰期間對「匈人」一詞大作文章的做法影響了。

這種笨嘴拙舌偏偏跟皇帝本人良好的自我感覺結合起來，害他成了個受人諷刺揶揄的人物，以前的俾斯麥與威廉一世哪裡會受這種罪？花時間仔細「調教」他那人盡皆知的鬍子，只會讓他進一步成為政治漫畫的完美題材，而這些諷刺漫畫總把他畫得天真或幼稚。到了一九〇七年，威廉已經成了異想天開、蠻橫無理出了名，甚至有點愚蠢的年輕君主，跟他冷靜自持的老祖父可謂雲泥之別。即便如此，共和思想仍不出政治激進派小圈子。多數德國人依舊支持君主制，心裡也仍然為他們古怪的皇帝留有一席之地。

然而，一九〇七與一九〇八年的醜聞卻是完全不同的規模，深深傷害了威廉的地位與權威。一九〇七年四月至十一月間，名為馬克西米利安．哈登（Maximilian Harden）的記者發表一系列文章，指控威廉與親信圈求和的傾向傷害了德國的國際地位，威廉的噩夢就此開始。哈登為了強化控訴的可信度，於是操弄當時的人對同性戀的看法，把同性相吸跟道德弱點畫上等號。他在文章中對威廉親信圈內從奧伊倫堡到比洛的幾個成員含沙射影，暗指他們在林登堡莊園舉行的是同性戀不道德聚會。第一次摩洛哥危機之恥後不久，法國外交官雷蒙・勒孔（Raymond Lecomte）便在林登堡莊園的私人聚會中接受款待，得知此事的哈登認為這坐實了自己的擔憂。威廉的友人顯然與法方密謀，要羞辱、弱化皇帝的遠大志向。陰柔軟弱的幕僚集團玷汙了威廉的外交政策，威廉必須跟他們劃清界線。哈登的文章與政治漫畫對於這件事的指控愈說愈白，紙再也包不住火，威廉也得知了這些控訴。威廉對民眾的批評十分敏感，他無法放著不管，要求法院審理此事（根據刑法第一百七十五條，同性戀是犯罪）。所有被醜聞波及到的人都得走人。這是個天大的錯誤。這件事情本來可以只是政治雜誌起頭的謠言，不見得會鬧大，但現在全民議論紛紛，五起獨立案件的審理拖了兩年，奧伊倫堡的案件甚至審到被告在一九二一年去世才告終。為了保護自己的聲譽，威廉試圖跟所有被指控的人斷絕關係。他要求比洛盡速辭去首相職務，甚至也為此事破壞自己與「菲利」奧伊倫堡之間長久而密切的友誼。儘管這位皇帝跟親信圈情感深厚，但威廉畢竟有許多風流韻事乃至於非婚生子的傳言，不太可能突然發展出同性關係，因此很少人認為這跟他切身相關。奧伊倫堡的妻子苦澀地表示：「中箭的是我先生，但皇帝才是目標。」因此，威廉的聲譽還算完整，但此事的政治後果卻不容小覷。皇帝失去了在政治上與個人情感上的所有支持，不安的他尋覓新的幕僚，結果找上了宮廷裡圍繞著自己的軍事要人們。也就是說，哈登無意中把威廉推向普魯士軍隊鷹派的懷抱，而鷹派多年來不斷宣揚歐洲大戰無可避免，認為俾斯麥與卡普里維的警告將徒勞無功。接下來，德意志榮光、海權與民族生存奮鬥的情節將塞滿皇帝的腦袋。哈登本人在一戰後回顧此事，說奧伊倫堡事件是自己這輩子最大的政治錯誤。

更嚴重的政治危機還在後頭，這一回甚至連皇帝本人都捲入其中。一九〇八年十月二十八日，英國《每日電訊報》（*Daily Telegraph*）刊登一篇對威廉的專訪，引發德國的怒火。將近一年前，威廉到多塞特（Dorset）的海克利夫城堡（Highcliffe Castle）度假三個星期，與東道主愛德華・蒙塔古—斯圖亞特—沃特利（Edward Montagu-Stuart-Wortley）聊起英德關係，後者把對話內容整理為訪談風格的摘要，發給報界。按照程序，抄本要先徵得柏林的認可。由於奧伊倫堡醜聞與先前在公開場所出的洋相已經讓威廉形象大傷，於是他這一回把事情全部交給比洛及其團隊處理，相信他們的政治與外交專業。根據比洛的專家彼得・溫岑（Peter Winzen）的說法，首相當時正在放假，因此沒有讀稿子，而是把稿子交給新聞官奧托・哈曼（Otto Hammann），偏偏哈曼也在放假。文件最後出現在某位小文書的案頭，而他覺得自己沒有資格改皇帝的話，於是一字未改，批准了原本的逐字稿。皇帝度假時的私人對話就這麼原汁原味流入公共領域，結果引起一片譁然。除了「你們這些英格蘭瘋子，瘋子，跟發春的野兔一樣瘋」這句瘋傳千里的話，裡面還提到威廉說自己是德國國內少數的親英派，而這種說法在艦隊政策脈絡下相當危險。此外，威廉還吹噓是自己的戰略構想讓英國人打贏了布爾戰爭（Boer Wars），自己在亞洲的外交政策是劍指日本而非英國，還說是自己阻止法俄聯手干預英國在南非的利益。這篇訪談因此冒犯多數歐洲國家及其統治者、日本、德國政界，甚至惹怒德國民眾，因為皇帝說他們多半都是排英立場。

危機之後，比洛的首相職位變得搖搖欲墜。他不僅受到奧伊倫堡醜聞牽連，還失去了皇帝的信任。於是他辭職下台，由副手霍爾維格接手。皇帝本人也深受打擊。這一回自己明明沒有做錯任何事，他感覺自己遭人背叛，既憤怒又孤獨。他嚴重抑鬱長達兩個星期，局勢的壓力對他的精神狀態造成巨大負擔。最後一擊發生在多瑙厄辛根（Donaueschingen）的秋獮活動上，奇特而詭異的場面即將把脆弱的皇帝推向邊緣。威廉的友人、步兵上將迪特里希・馮・許爾森—黑澤勒（Dietrich von Hülsen-Haeseler）覺得自己打扮成芭蕾舞者的話，說不定能讓氣氛歡樂些。這位發福的老人於是穿上小小件的粉紅短蓬裙，在舞池中柔美起舞旋轉，皇帝與賓客大樂。狂喜與笑聲把悶悶不樂的皇帝從抑鬱的情緒中給拉了出來，誰知將軍突然在這一刻心臟病發。黑澤勒猛抓著自己的心口，表情痛苦扭曲，當場倒地身亡。一陣恐怖的寧靜籠罩了整個房間。媒體會怎麼談這件事？奧伊倫堡醜聞塵埃尚未落定，這下子成何體統？將軍身上那襲證明他尷尬死狀的粉紅證據馬上被人脫下來，事情也被掩蓋。但威廉已經受不了打擊了。他精神崩潰了。等到他終於恢復精神，發現自己已經失去了大部分民眾的信任後，便擔心任何節外生枝都會對德國君主制造成不可挽救的傷害。於是他保持低調，幾個月都沒有公開露面或發聲。直到一九一〇年夏天，他才首度發表正式演說，而且此後的公開露面都呈現收斂、正式的調性。雖然一九〇九至一九一四年間不至於發生嚴重的醜聞，但皇帝信心大受影響，只能任由新的幕僚團擺布與主導。

總之，一戰前幾年的德國顯然缺乏政治領導人與方向。首相滿不情願，對這個職位沒有興趣，對德國的政治未來也沒願景，飽受打擊的皇帝也沒有對他下達任何指示。皇帝則失去了政治幕僚，失去了導師俾斯麥，朋友也沒剩幾個。也就是說，一個經濟強大、對國內外衝突做好萬全準備的國家，層峰卻存在巨大的權力真空。韋勒說第一次世界大戰的德國是「向前逃」[47]，而對於這個在一九一四年走入政治死巷的國家來說，戰爭看似是唯一的出路。布景已經搭好，軍隊準備離開幕後，登上舞台的正中央。

47 Wehler, Ch. 8.

第五章

大難臨頭

Catastrophe 1914–1918

總有一天，巴爾幹會發生天殺的蠢事，引爆歐洲大戰。

——俾斯麥，一八八八年

一九一四年精神

一九一四年六月二十八日，塞拉耶佛正值美好的夏季。奧匈帝國皇位第一順位繼承人法蘭茲·斐迪南（Franz Ferdinand）偕妻子霍恩堡女公爵蘇菲（Sophie, Duchess of Hohenberg），受邀到波士尼亞與赫塞哥維納省會出席閱兵式。從好幾個角度來說，此行都很特別。六月二十八日是塞爾維亞人重要的宗教節日與國定假日——聖維特日（Vidovdan）。奧地利是這個地區的宗主，法蘭茲·斐迪南為了宣傳正面、和平的形象，也為了顯示自己成為皇帝將有其改革前景，因而熱中於展現自己最好的一面。這一天也是這對夫婦結婚的十四週年，是公開慶祝兩人婚姻難得的機會。由於對奧匈帝國皇位繼承人而言，蘇菲的出身還不夠高，因此根據宮廷禮儀，大部分的公開場合她都不能出席。但法蘭茲·斐迪南為了愛，怎麼樣都要跟她結婚。為了跟蘇菲相守，他不得不聲明自己與蘇菲的孩子無權繼承皇位，此舉形同自己將不會有繼承自己的皇族血脈。這次出訪，他們將得到罕有的機會，享受彼此的陪伴，不受宮廷世界的勢利所束縛。因為，他是以軍職身分而非皇位繼承人身分獲邀到塞拉耶佛的。如此一來，蘇菲便能以妻子的身分相伴，不會有人質疑她在扮演大公妃的角色。

大公夫婦接受夾道歡迎，前往塞拉耶佛市政廳途中，乘坐的敞篷車遭到十九歲的極端分子內德利科・查布利諾維奇（Nedeljko Čabrinović）投擲手榴彈襲擊。司機一看到有東西飛過來便加速駛離，結果手榴彈在下一輛車底爆炸，造成十六人受傷，但大公夫婦毫髮無傷。法蘭茲・斐迪南與蘇菲於是趕往市政廳，抵達時雖然驚魂未定，但兩人仍決定去探視襲擊的受害者。結束簡短而坐立不安的儀式程序後，便離開市政廳前往醫院。

這個戲劇性的日子本該就此告一段落，誰知道他們的司機拐錯了彎。法蘭茲・斐迪南的副官站在車側的踏板上，以防一行人遭到新一波襲擊。副官發現司機開錯路，叫他停下來倒車。司機踩下煞車。堪稱現代歐洲史上最悲劇的巧合發生了，皇室隊伍正好在另一名黑手會（Black Hand）成員，也就是暗殺計畫主謀加夫里洛・普林齊普（Gavrilo Princip）的面前停了下來。他都已經放棄了，結果命運居然把目標送回他面前。普林齊普站在街角熟食店門口，還在為了大公夫婦平安躲過同夥手榴彈攻擊而沮喪。現在一抬頭又看到他們，他簡直不敢相信自己運氣這麼好。司機慌忙想打倒檔，車子發出嘰嘰嘎嘎的抗議聲，這時大公也抱怨起延誤。普林齊普得到千載難逢的機會。他拔出手槍，向車子走去，眼裡閃現一絲狂熱。他扣下扳機。一槍，兩槍，然後斐迪南的人馬才把他壓制在地。蘇菲轉頭望向丈夫，他脖子上有個大洞，血流不止。他則回望愛人漸無血色的美麗臉龐，高喊：「蘇菲！不准死！為我們的孩子活下去！」兩人都沒有意識到有另一枚子彈擊中目標，蘇菲的腹部也中彈了。兩人不到一小時便雙雙殞命。

這起悲劇引發了一連串事件，全世界歷來最慘烈的戰爭最後因此爆發。截至一九一四年夏天，幾個高度軍事化與工業化的歐洲國家的互動，已經顫顫巍巍到了一觸即發的程度。暗殺行動就是火花。第一次世界大戰造成四千萬人傷亡，不僅破壞了歐洲經濟，更造成無法想像的人道慘劇。德意志帝國也將因此屈服。

威廉二世在「霍亨佐倫號」接獲暗殺事件的消息。到了夏天，皇帝就喜歡乘坐這艘皇家遊艇短途旅行，到挪威放長假的時候也會搭這艘船。一九一四年六月二十八日這天，他人在甲板上主持茶會，邀請高級軍官及其家屬出席。節慶活動中途，那封天注定的電報送達，捎來威廉的朋友法蘭茲・斐迪南大公橫死的消息。威廉即刻返回柏林以因應後續發展。從皇帝私下的說法，以及他在相關文件留白處的塗鴉來看，他顯然認為奧

一九一四年七月二十五日，威廉在「霍亨佐倫號」上巡遊。

地利找人算帳實屬應然，也應該加以支持。他寫道：「要把塞爾維亞人處理掉，而且要快。」[1]外界往往把這句話解讀成他想發動大戰，但意思其實比較像是皇帝覺得奧地利與塞爾維亞之間最有可能的結果是一場地方性衝突，而非歐洲大戰。他的確問過普魯士戰爭大臣埃里希・馮・法金漢（Erich von Falkenhayn），姑且不論外交努力結果如何，軍方是否做好戰爭的準備；但他也迫切希望不要讓俄羅斯與其他歐洲國家涉入這個局面。他之所以同意開出知名的「空白支票」，也就是承諾出兵為奧地利助拳，背後就是這種戰略思維——為了嚇阻俄羅斯參戰，從而把戰爭範圍限於當地，他要動用全世界第二大（僅次於俄羅斯）與最先進的陸軍，為奧地利入侵塞爾維亞撐腰。他不是想讓世界大戰開打。其實，威廉對當前局勢仍感到老神在在，甚至在七月六日按原定計畫，帶著鍾愛的臘腸犬海克絲（Hexe）與達克斯（Dachs），展開前往挪威的夏季巡航。換作是巴望著人類史上最大戰爭爆發的嗜血好戰之人，應該不至於這麼放鬆。

威廉的軍事顧問們無疑預料到戰爭規模恐怕會更大。對此，好一點的幕僚接受了惡化的風險，壞一點的幕僚則是積極朝大戰邁進。多年來，參謀總長赫爾穆特・馮・毛奇一直主張歐洲權力平衡正在向東傾斜。這位童山濯濯的軍人自認是當代數一數二的戰略家，但與他同名的伯父（老毛奇）名氣太響亮，始終遮掩著他的光芒。影子卻如巨人般占據了他的心靈。老毛奇擔任普魯士陸軍參謀總長長達三十年，期間不僅打贏了一八七〇年的對法戰爭，更讓軍隊經歷戰略與技術上的現代化。老毛奇的姪子打著「小」毛奇的派頭，攀比自己知名的伯父，認為一九一四年的局勢是自己發光發熱的機會。他告訴威廉，恐怖的俄羅斯「蒸汽軋路機」終將獲得壓倒性的軍事力量，到時候德國想反應也來不及了。因此在一九一四年七月，毛奇的建議就是「機不可失！」[2]軍方高層多年來說服自己，歐洲大戰是箭在弦上不得不發。問題不是打不打，而是何時開打。

俾斯麥那四面楚歌的夢魇雖然已有時日，但仍然潛伏在軍方高層腦中，因此他們早就在計畫終將到來的雙線作戰了。一八九一年，阿爾弗列特・馮・施利芬（Alfred von Schlieffen）獲命出任參謀總長，他花了好幾年琢磨一份戰略，以因應對法或對俄戰爭——或者同時對兩者開戰。德國位於歐洲中心，對於該國經濟大有助益，但也容易遭

1 Clark, *Wilhelm*, p. 281.

2 Thamer, p. 11.

到攻擊。等到一九〇六年，施利芬被毛奇取代時，他的構想雖然經過多次修正，但原則始終不變：面臨終將到來的雙線作戰，德國要傾全力攻擊法國。然後，大部分軍隊將調往東線，面對速度較慢但規模更大的俄羅斯部隊。相較於施利芬，毛奇對法軍與俄軍的實力評價多少高些。他認為兩者的規模與動員速度都有進步。只要對手對於即將到來的戰爭多一分留意，計畫就會失敗，畢竟成功的關鍵在於時間，而法軍的強力抵抗將拖慢德軍速度，讓俄軍足以從另一側發動攻擊。在軍隊高層眼裡，唯一的、恐怖的結論，就是對法國先發制人，才是贏得歐戰的唯一途徑。

七月二十八日，皇帝結束遊船度假行程，回來才發現奧匈帝國已經對塞爾維亞宣戰。所有歐洲大國都循著外交舞碼採取反應。英國讓首相霍爾維格知道他們很難保持中立，如果情勢惡化，英國恐怕有義務支持法國與俄羅斯。俄國在七月三十日下達動員令，毛奇多年來預言的一切似乎就要實現。按照施利芬計畫（Schlieffen Plan）的思路，每分鐘都很關鍵。要是俄羅斯和法國有更多餘裕，德國將面臨一場難以取勝的雙線戰爭。搶先攻擊法國是唯一的方法。德國於是在八月一日對俄羅斯宣戰，兩天後又對看似跟巴爾幹的麻煩毫無瓜葛的法國宣戰。英國接著在八月四日對德國宣戰。第一次世界大戰已經開打。

「歡欣鼓舞。政府以高超手腕把我們描繪成受到攻擊的一方。」[3]帝國海軍內閣（Imperial Naval Cabinet）總長格奧爾格・亞歷山大・馮・穆勒（Georg Alexander von Müller）在日記中寫下這些話，顯見軍方高層對於所謂「守護之戰」，也就是主打「德國是被迫參戰」的立場，其實是種利己盤算的態度。就輿論走向而言，他們的論點可謂命中紅心。霍爾維格首相說服帝國議會與德國民眾，希望大家相信德國是受害的一方，算是相當成功。柏林等德國城市爆發大規模和平示威，但主要是在譴責奧地利，部分則是譴責俄羅斯是暗殺事件的始作俑者。歷史學家傑佛瑞・維海（Jeffrey Verhey）指出，說德國上上下下為開戰而歡欣鼓舞的說法，是一種必須破除的迷思。德國人感到焦慮，絕對不會狂熱到為歐洲大國政治犧牲生命，或是斷手斷腳。不過，對於局面吐絲結繭的防禦反應，確實塑造出某種寸步不讓的愛國精神，也就是所謂的「八月體驗」（Augusterlebnis）。漢斯—烏里希・塔莫爾（Hans-Ulrich Thamer）所言甚是，這是

3 Thamer, p. 21.

《日耳曼妮雅》（*Germania*），弗里德里希．奧古斯特．馮．考爾巴赫（Friedrich August von Kaulbach）繪，一九一四年八月。

種「末日的威脅與希望，個人的期待與渴望的衝突大雜燴」[4]，但是「是戰爭自己找上德國」，「讓祖國有機會自我證明」的想法，的確打動了很多人。

「守護之戰」的幻覺至關重要，必須盡可能維持下去。俾斯麥在一八七〇年挑起普法戰爭時深知這點，一九一四年八月的政界當權派也是。如此一來，或許就能超克多年來困擾德國的內部紛爭、分裂與停滯，用鐵與血再次團結全體德國人。一九一四年八月一日對俄宣戰時，皇帝站上了皇宮的看台，直接對子民喊話：

感謝各位以往對我展現的敬愛與忠誠，那是一段前所未有的嚴峻時日。假如開戰，就再也沒有政黨！過去我也曾被甲黨或乙黨攻擊。但那是承平時期。現在我徹底放下了。我不再從政黨或宗教派別的角度思考；如今你我都是德意志的弟兄，也只能是德意志的弟兄。假如鄰國不改變，不讓我們得到和平，我便會祈求上蒼，願

4 Ibid., p. 25

德意志利劍在艱困的戰鬥中勝出。5

當時許多人都抱持社會達爾文主義世界觀，在這種脈絡下對德國發動攻擊，對這個國家而言實無異於生存之戰。祖國的存亡之前，微不足道的階級衝突、用何種方式敬拜，或是位於政治光譜的哪個位置，又有什麼要緊呢？到了一九一四年，德意志帝國已經存在超過四十年。大多數德國人在德意志民族國家中長大，「德意志」對他們來說是個理所當然的概念。過往幾代的史學家稱之為「一九一四年精神」（Spirit of 1914）的那種歡愉，恐怕是誇大其辭，但八月的戰爭所觸發的同袍情誼、歸屬感與傲然挺立的民族情緒，無疑相當普遍。威廉的政權因為開戰而獲得幾乎所有人的支持，只不過為時短暫。

戰情梗概，一九一四—一八年

德國在一九一四年八月一日對俄宣戰時，便同時派兵西進。軍方認為攻擊法國是最好的防禦。施利芬計畫的思路是，一次只開一條戰線，或可避免雙線作戰，因此出兵的時機極為關鍵。早在一九〇五年，施利芬本人就認為，由於俄羅斯展開軍事行動後，將會在二十八天後抵達東線，因此德國必須在三週內擊敗法國，然後把部隊撤回來調往東線。一九一四年，毛奇必須面對事實，俄羅斯已於七月三十日展開動員。更有甚者，大家一致認為法軍對於法德邊境的防禦，將嚴重降低入侵的速度，因此選擇借道比利時入侵法國。從一九〇一年的演習結果來看，只要投入四十八個半的軍，比利時保持被動且英國不介入，則此事可成。結果呢，施利芬的繼任者毛奇在一九一四年八月二日只用了三十四個軍，立刻遭遇比利時英勇抵抗，而英國也在一九一四年八月四日宣戰。面對英國遠征軍（British Expeditionary Force）的步槍火力協調以及維克斯機槍（Vickers machine guns）的投入，加上比利時堅決抵抗，德軍新兵死傷成千上萬，軍紀立刻瀕臨瓦解。戰爭初期的遭遇戰（例如八月二十三日的芒斯戰役〔Battle of Mons〕，德軍的傷亡是英國守軍的兩倍）並未阻止德軍推進，但確實影響了行軍速度。僅僅十二天，德軍

5　威廉的演講。

人數就從八十萬零八千二百八十人暴增到三百五十萬零二千七百人，等於許多義務役與志願役並未準備好承受現代戰爭的殘酷。軍紀崩潰導致醜事層出不窮。八月二十五日，部隊攻入魯汶（Leuven）大學城，屠殺近二百五十名平民，並焚毀圖書館。一九〇〇年，威廉用拙劣的手法，召喚出德意志「匈人」在平民聚落裡燒殺搜刮的形象，如今將在英國的宣傳戰中持續到戰爭結束。

儘管英國與比利時部隊英勇抵抗，德軍仍然在九月初渡過馬恩河（River Marne），進逼巴黎。由於在九月六日至十二日的第一次馬恩河戰役（First Battle of the Marne）遭到法軍激烈抵抗，德意志帝國軍最終退回馬恩河之後挖掘戰壕。這條戰壕線在整場戰爭期間幾乎沒有移動，標誌著致命僵局的開端，而壕溝戰也成為西線的正字標記。法國不會在幾週內被迫投降，而且是整場第一次世界大戰中都沒有投降。施利芬計畫失敗。

東線上的情況也沒有按計畫發展。對俄宣戰後不久，東普魯士上上下下都能聽到有人高喊「哥薩克人來了！」恐慌實屬合情合理。德軍最高指揮部嚴重低估俄軍，認為至少要數星期才會遭受俄軍攻擊，誰知道在八月十五日，也就是宣戰後僅僅十四天，俄軍就展開進攻。鎮守東線的只有第八軍（8th Army），其餘七個軍都在比利時與法國作戰。戰情看來一片黯淡。由於馬祖爾湖區（Masurian lakes）擋在中間，俄軍於是兵分南北兩路，北路有十九萬一千人，南路則有二十萬人，與之對壘的德軍只有十五萬三千人。時勢造英雄，此前在軍事圈外鮮為人知的兩名普魯士將領，保羅·馮·興登堡（Paul von Hindenburg）與埃里希·魯登道夫（Erich Ludendorff）一戰成名。對德軍來說，八月二十六日鏖戰到二十九日的坦能堡戰役（Battle of Tannenberg），堪稱是奇蹟般的大勝。俄羅斯第二集團軍遭到殲滅。指揮官薩姆索諾夫（Samsonov）自殺，四萬五千名俄軍被俘。興登堡與魯登道夫簡直是活神仙。將來在德國人心中，此役將是一戰陰鬱、恥辱經歷中的一道救贖。此役也成了破口，讓軍方高層得以撇清責任，並且在一九二〇年代塑造出害人不淺的「背刺」（stab-in-the-back）傳說。一九一四年底，民眾認清現實，知道戰爭不會在聖誕節前結束，不過坦能堡大捷帶給他們希望，認為即便犧牲比預期還要慘重，但德國終將勝利。

同一時間，西線形勢則前景黯淡。馬恩河戰役後，情勢陷入僵局，雙方一再試圖從戰線的北端繞過去包夾對手，過程中壕溝也不斷往北延伸。這場瘋狂的「朝海賽跑」（Race to the Sea）造成嚴重傷亡。光是一九一四年十月與十一月間的第一次伊珀爾戰役

（First Battle of Ypres），德軍傷亡就超過十三萬人，而陣線幾乎沒有往前推進。士氣低落的最高指揮部孤注一擲，訴諸於恐怖的手段。一九一五年四月二十四日，德軍將一百六十噸氯氣投放在法軍頭上。吸入氯氣會造成劇痛，嚴重的紅色水泡與呼吸困難，更不用說造成恐慌、恐懼等心理影響。一九一五年一月，軍方開始出動齊柏林飛船轟炸英國；威廉皇帝明確同意，只規定不能轟炸倫敦，以免傷到他的英國王室親人，但後來連這點要求也放棄了。無限制潛艇戰導致英國客輪魯西塔尼亞號在一九一五年五月七日沉沒，船上有將近二千名平民。這些可恥的手段雖然軍事效果有限，但本來的目的就是打擊敵方士氣。海軍上將鐵必制嘗言：「衡量成功的標準，除了從敵軍所受到的傷害來看之外，也要納入傷亡對於削弱敵軍續戰決心的重大影響。」[6]說到底，這類手段只不過鞏固了野蠻「匈人」試圖摧毀歐洲文化與文明的形象。

這場總體戰規模的戰爭，在一九一六年達到恐怖的新高度。一九一六年二月到十二月，要塞城市凡爾登（Verdun）經歷數個月的大屠殺，在德國人心中深深烙下了痕跡。一九一四年接替毛奇的法金漢，把手邊的東西全都往凡爾登的法國守軍砸了過去，共有二千六百萬枚砲彈、十萬枚毒氣彈，以及七十五個師的軍力。這種程度的投入，徹底證明凡爾登戰役絕非人跟人對抗的英勇奮戰，而是一場人命不值錢的消耗戰。士兵們把這一仗稱為「血磨坊」（blood mill），是役也成了「無用衝突」的代名詞。進攻的德軍死傷超過三十五萬人，法國守軍則將近四十萬人，結果毫無是處。戰線仍然停留原地，戰鬥持續進行。留下來的是焦黑草木彈坑、泥濘與瓦礫，一片荒蕪，倖存的部隊則是被戰情引導到下一個修羅場——索姆河（Somme）。

為了減輕法軍在凡爾登的壓力，一支以志願役為主的英國陸軍攻擊北法索姆河的德軍陣地。英國陸軍元帥道格拉斯・黑格（Douglas Haig）爵士認為只要他投入夠多兵力，說不定終將能突破德軍防線，打破僵局。他派出一支由缺乏經驗的年輕志願役組成的部隊，爬上一段泥濘斜坡，穿越被砲火清空的無人之地，最後以災難作結。戰鬥經驗豐富的德軍部隊用一波波的機關槍掃射，消滅來犯的英軍。往前推進的士兵有許多人被鐵絲網困住。經過戰術調整，以及史上第一次投入戰車之後，戰局的天秤逐漸平衡，但戰事仍然在十一月時喊停，沒有明確的結局。三百萬人參與索姆河戰役，一百萬人死

6 Robinson, p. 54.

傷，索姆河成為西線規模最大的戰役，也是人類史上傷亡最慘重的戰役之一。慘烈歸慘烈，是役並無取得實質戰果。

東線的布魯西洛夫攻勢（Brusilov Offensive）規模更勝索姆河戰役。協約國希望以東西夾擊來打倒德奧兩國。布魯西洛夫攻勢就是要跟凡爾登與索姆河分進合擊。雖然在這次攻勢中，兩軍人數大致相當，但一九一六年六月四日的攻擊卻重創了奧匈軍隊，才三天就有二十萬人傷亡。最後，這仗造成雙方各有約一百萬人傷亡，但俄軍確實達到目標，突破防線，奪得一戰中最重要的勝利之一。奧匈帝國對戰爭失去興趣，敦促德國向協約國議和。德國政府勉強答應，但故意含糊其辭，避免承諾。難怪協約國會在一九一六年十二月拒絕提議，因為德國顯然沒有讓步的意思。數百萬人傷亡，各方都失去了這麼多，現在可不能就這麼放棄。

一九一六年，英國本土艦隊（Home Fleet）與德國海軍爆發日德蘭海戰（Battle of Jutland），然德國遭受的海上封鎖並未因此次衝突而終結，進而導致一九一六年跨一七年冬天的嚴重營養不良與其他供應難題。德軍最高指揮部亟欲突破，於是從一九一七年二月決定恢復無限制潛艇戰，甚至在未經警告的情況下攻擊無武裝的商船。英國政府已經敦促美國政府提升支持力道一段時間了，德軍此時的做法超過了美方的底線。美國船隻如今再度遭受攻擊，一九一五年魯西塔尼亞號沉沒時百位同胞喪生之事舊恨未平，新仇又起，美國於是在一九一七年四月六日對德宣戰。美國參戰是整場衝突的轉捩點。突然間，歐洲國家之間的僵局，突然被一個超級工業大國的參戰所撼動。在消耗戰中，勝利與否取決於各方能夠與願意投入多少資源與人力。美軍在戰爭的第三年初登板，沒有禁受凡爾登、索姆河等創傷或東線的恐怖。一九一八年夏天，大約二百萬美軍部隊仍在與疲憊不堪、士氣低落的德軍作戰。一九一七年的十月革命讓俄羅斯退出戰爭，德國國內對於帝國政權的反對不斷升高，走投無路的軍方開始不聽號令。他們一定要從戰爭中獲得些什麼，不計代價。一九一八年，德軍將發動最後的壯烈之舉。

一九一八年一月八日，威爾遜（Woodrow Wilson）總統向美國國會提出十四點和平方案，希望能提供一條通往和平的路。但是在同一天，托洛茨基（Leon Trotsky）開始與德方針對和約進行磋商，希望讓俄羅斯退出衝突。一九一八年三月三日，《布列斯特—立陶夫斯克條約》（Treaty of Brest-Litovsk）簽訂，有了底氣的帝國政府拒絕了威爾遜的構想。假如現在把戰爭中得到的東部領土盡數放棄的話，損失也太過慘重。根據

《布列斯特—立陶夫斯克條約》，雙方同意成立德國的衛星國，從烏克蘭一路到波羅的海，俄羅斯更是把一半以上的工業力量與將近三分之一的人口拱手讓給德國。[7]在最高指揮部眼中，德國已經犧牲太多，不能現在放棄一切。

情勢似乎證明他們是對的。僅僅三星期後，德軍於一九一八年三月二十一日展開春季攻勢（Spring Offensive），起初看來相當成功。此役也稱皇帝會戰（Kaiserschlacht），旨在提振士氣，讓士兵相信在此一舉；德軍戰線往西推進六十公里，俘獲九萬名敵軍。然而，補給問題如今極為嚴峻，攻勢不得不放棄。七月時，協約國反攻，迅速將德軍戰線回推到幾乎與一九一四年九月時一樣的位置。數百萬人喪生，四年就這麼過去，卻什麼都沒達到。九月二十九日，興登堡與魯登道夫終於清醒，要求政府談判停戰。一九一八年十一月十一日，雙方終於簽署停戰協議，隨之而來的則是德意志帝國的死刑令。

無聲獨裁

一九一四年八月六日，威廉皇帝在演講中高喊「沒有人能征服團結的德意志」，呼籲子民團結起來，面對進犯的敵人。他強調，祖國正受到「滿是敵人的世界」所伏擊，「我們帝國的存續」正面臨危急存亡之秋。[8]民眾對於德國的殖民政策雖然相當熱情，但若要為了擴張而犧牲個人的生計乃至生命的話，就是另一回事了。農民擔心自己的馬匹遭到徵用，婦女憂心自己的兒子與丈夫被抓去打仗，都市居民害怕糧食供應遭到切斷。若要要求全國人做出如此犧牲，就必須維持某種後動手，甚至是遭人圍攻的錯覺。皇帝和政府在這方面表現極為出色。有當代觀察家提到，「民眾一再聽到：**假如能夠避免戰爭，皇帝一定會這麼做**。」[9]一九一四年的戰爭初期，威廉人氣爆棚，備受擁戴。甚至在審查制度介入前，媒體幾乎都在描述他跟子民的關係，在面對戰爭時是如何的緊密。

這股暫時的同袍情誼也籠罩了帝國議會。八月四日，威廉在滿堂議員面前高調表

---

7 LeMO.

8 威廉的演講，一九一四年八月六日。

9 Clark, *Wilhelm*, p. 334.

示：「我心裡再也沒有政黨，只有德國人。」接著他要求議員們「不分黨派、地位、信仰，堅定與我同行，赴湯蹈火，受苦受難。」[10]所有政黨都響應了，連社民黨亦在其列。社民黨黨團主席雨果．哈澤（Hugo Haase）在激情動人的演講中，表示他的政黨「不會在危難時讓祖國失望」。[11]他振振有詞，對於帝國主義野心導致這場戰爭深感悲痛，戰爭已成現實，大家必須捍衛德國。他還強調，對抗俄羅斯沙皇的專制絕對有其價值，與國際工人階級運動也不矛盾。因此，社民黨就跟帝國議會其他議員一樣，全體同意政府所要求的戰費。首相霍爾維格想必鬆了口氣。工會有三百萬成員，要是社民黨稍微示意，恐怕德國的戰備就會受到嚴重影響。自從又一波經濟危機在一九一三年襲擊德國以來，大規模罷工和示威已經困擾這個國家長達兩年時間。工運浪潮中的激進派呼籲全國大罷工。但德國工人似乎沒有搞破壞的興致，無論是基層工人，還是他們的代議士皆然。

國內這種暫時停止紛爭的現象稱為「城堡和平」（Burgfrieden）。「遭到圍攻的城堡」完美貼合政府迫切想維持的守勢形象。無論德意志城堡內的住民彼此有多少差異，一旦要為國家存續危機而戰，這一切終究都能放下。因此，帝國議會主動通過《授權法案》，交出所有權利。選舉與政治活動紛紛暫停，議會則無限期延議。工會承諾放棄所有罷工行動，直到戰爭結束再說，國家的日常金融事務也移交由家戶委員會（household commission）處理。如今霍爾維格再也不用在議會裡艱苦奮戰，而是可以直接在委員會中跟政黨領袖及其個別成員直接進行非正式對話。民主制度吊在半空中。

這種暫時的善意，讓軍方得以把觸角伸向中央與地方政府的每個角落。軍方動用憲法第六十八條奪取行政權。承平時，德國分為二十五個軍區，人員的招募與訓練通常都是以軍區為單位。[12]如今，這些軍區的指揮官成為當地的政治領導人，直接向皇帝負責。也就是說，軍方已經完全把帝國議會、首相、部長與其他憲政結構擱在一邊，而且這麼做完全於法有據。現在，軍隊控制警政、治安、言論審查、糧食分配、教育、運輸與政府的每個環節。

10 威廉的演講，一九一四年八月四日。
11 雨果．哈澤的演講，一九一四年八月四日。
12 Thamer, p. 38.

箝制媒體意味著德國民眾對於前線實際情況的認知極為失真。德國民眾之所以同意戰爭，不只是因為以為此次戰事的防禦性質，也是因為認為戰爭只是一時的，因此軍政權要不斷讓媒體提供戰事順利的消息給民眾。巴黎固然近在眼前，但西線的僵局讓此事黯淡無光。個別人物的英勇故事掩蓋傷亡的統計數據。威廉本人也被蒙在鼓裡。他人在柏林最高指揮部（Großes Hauptquartier）的厚牆孤立之下，對於「一名士官如何靠四十五枚子彈殺掉二十七名法軍」夸夸而談，誇稱「屍體堆了一點八公尺高」。[13]因此，軍隊的「無聲獨裁」（Silent Dictatorship）直到一九一六年都沒有受到什麼挑戰。連議會中的社民黨員也持支持態度。一九一六年，只有五分之一的社民黨議員要求結束戰爭。[14]

克里斯多福．克拉克指出，皇帝本人愈來愈邊緣化。理論上，皇帝是軍隊最高統帥，他應該可以提供聚焦點，為大局設定戰略目標，協調海陸軍力量。然而，皇帝深知自己是個不怎麼樣的戰略家（雖然他每次參加兵推，施利芬每次都讓他獲勝）。他自願把軍事決策先後交給毛奇與法金漢，兩位都擔心皇帝會在整場戰爭期間處於不間斷的緊張狀態，因此與他分享情資時多少都有挑選過。

興登堡在東線的坦能堡大捷後，成為德國的戰爭英雄。「有些人渴望領袖，希望有這樣一個人的權威，對敵友雙方來說都是絕對的、純粹的」[15]，而興登堡開始逐漸取代皇帝，成為能扼住這種渴望的人物。興登堡身高一百九十六公分，身形宛如巨人，面容獨一無二（近乎於方形），德國各地都有為紀念他而繪製的繪畫，製作的雕塑與紀念碑，數量眾多，讓他成為明確可辨的主題。一九一六年，興登堡成為德國整體戰略的制定者，擔任陸軍最高指揮部第三任首長（Third OHL），讓軍方很容易靠著他的形象進一步侵害民主與公民權。他跟副手魯登道夫的二人組手握政治大權，甚至不怎麼需要理會皇帝、首相、帝國議會或其他任何人。無聲獨裁就此確立。

一九一六年實施的興登堡計畫（Hindenburg Programme）等於創造計畫經濟，唯一的目標是為「總體戰」無盡的需求供應所需。由於英國海上封鎖依然完整，糧食與其他必要物資的供應在一九一六年以前便很窘迫，但如今連剩下的東西都要徵用為戰備，平

13 Clark, *Wilhelm*, p. 311.
14 Nonn, p. 97.
15 Clark, *Wilhelm*, p. 336.

民只能挨餓。此外，光是一九一六年的傷亡人數就很驚人——將近一百萬人。審查難以掩蓋截肢、寄給陣亡者妻子與孩子的致哀信，以及前線捎來愈來愈絕望的明信片。輿情即將翻轉，打破一九一四年的「城堡和平」。

德國工人率先打破工會和政府達成的休戰協議。一九一六年跨一七年的冬天天寒地凍，工人愈來愈絕望，甚至開始在兵工廠裡組織大規模罷工。由於難以透過合法管道取得糧食，更高的工資至少可以讓他們在黑市有更多餘裕。但興登堡身為戰爭英雄的名聲仍然不墜。為了打破英國的海上封鎖，他要求恢復無限制潛艇戰，而人們認為此舉等於他體認到德國工人正在受苦。儘管美國很有可能因此宣戰，但各政黨仍然支持此舉。等到美國終於在一九一七年四月宣戰，德國便大勢已去，這一點很多人都知道。軍方為因應而進一步收緊配給，試圖跟美軍即將投入戰爭的龐大補給一拚。嚴格配給反而引發前所未有的不滿。工人開始大罷工，無條件停戰的呼聲愈來愈響。一九一七年七月六日，直言不諱的天主教中央黨政治家兼記者馬提亞斯·厄茨貝爾格（Matthias Erzberger）在帝國議會中慷慨陳詞，以有如訴訟般的巨細靡遺，表明情勢有多麼急迫。唯一的活路是跟盟軍議和，必要時必須讓步。兩週後，他正式向帝國議會提出是項《和平決議》，並於七月十九日以二百一十二票贊成，一百二十六票反對的票數通過。興登堡、魯登道夫與皇儲威廉（Crown Prince Wilhelm，皇帝的長子）非但沒有回應民選代表的意思，反而合謀把責任推給從一開始便對無限制潛艇戰持懷疑態度的首相霍爾維格。首相被迫離職。到了這個節骨眼上，軍方或任何政黨居然都沒有提出替代人選。前者之所以沒有提人選，是因為對民主結構缺乏根本的認識。但各黨派居然逃避責任，不去面對在艱困情勢中伴隨首相一職而來的責任。因此，挑人的工作便落到威廉身上，而他選了可靠的官員格奧爾格・米夏耶利斯（Georg Michaelis）。米夏耶利斯上任不久，便在一九一七年十月因不信任投票通過而去職，由天主教中央黨政治人物格奧爾格・馮・赫特林（Georg von Hertling）接任。《和平決議》仍遭忽視。發起決議的厄茨貝爾格令極右派痛恨不已，不僅被他們貼上叛徒的標籤，還在一九二一年出門散步時遭人殘忍殺害。右派民族主義報紙甚至肆無忌憚地嘲笑道：「雖然他跟子彈一樣圓，可他擋不住子彈。」德國政局變得醜惡如斯。

一九一七年底，帝國議會多數議員呼籲結束戰爭，除此之外便毫無共識。天主教中央黨只要停戰，自由派要求廢除普魯士的三級選舉制，社民黨則要求社會改革要擺在第一位，然後才是停戰與廢止三級制。社民黨本身也嚴重分裂。到底要跟政府合作以推動改革，還是要反對政府、訴諸革命？多年來引發黨內齟齬的這個問題，在戰爭期間達到高峰。眼下若與政府合作，就代表支持一場造成數百萬人死傷，甚至讓國內更多人挨餓的戰事。若是反對政府，就等於在祖國為民族興亡而奮鬥時在國內搗亂。政黨高層再也無法團結這兩派人。激進的左翼從黨內分裂出去。一九一五年與一六年違紀對戰費借款投下反對票的社民黨員被開除黨籍，後於一九一七年四月成立獨立社會民主黨（Independent Social Democratic Party of Germany）。獨立社民黨光譜廣泛，從堅守原則的和平主義者到斯巴達克斯同盟（Spartakusbund）等激進共產主義者都有。俄羅斯在一九一七年爆發革命時，獨立社民黨打算利用戰爭導致的憤怒與絕望，在德國重現一樣的情勢。軍方高層感受到共產動亂的可能性，於是在一九一七年九月資助成立德意志祖國黨（German Fatherland Party），一個訴求「勝利和平」（Siegfrieden）的極右派組織。祖國黨承諾持續戰鬥到收穫與併吞的土地穩穩確保下來為止。也就是說，德國史上第一個有一定規模的極端政黨，因為這場戰爭而誕生。

進入一九一八年，日益絕望的軍情加上俄羅斯的前例嚇壞了社會上層，他們深信要是一九一八年至一九年冬天依舊在作戰的話，德國將爆發革命，他們對皇帝與軍方獨裁體制的支持因此明顯減弱。愈來愈多天主教中央黨政治人物、自由派，甚至連部分保守黨都加入社民黨行列，呼籲改革並結束戰爭。一九一八年十月，威廉不得已任命自由派的巴登的馬克西米利安（Prince Max von Baden）擔任首相。馬克西米利安雖然是自由派，但外界仍然認為身為巴登大公國繼承人的他是貴族體制的支柱，這讓他成了合適的妥協人選。馬克西米利安展開議會改革，將帝國議會置於憲法的中心，以此為基礎與美國總統威爾遜進行和平談判。他建議威廉，想在不引發革命的情況下結束戰爭，唯一的選擇就是退位。威廉對於俄羅斯遠親的命運感到駭然。一九一八年七月十七日，沙皇尼古拉二世一家人在地下室遭人亂槍打死，連年幼的孩子也未能倖免。然而，威廉仍然猶豫不決，打著放棄德意志皇冠但不放棄普魯士王位的（違憲）主意。

第一次世界大戰在德國政治版圖留下永難回復的傷痕。德國民眾居然如此輕易容許他們的半民主體制淪為軍事獨裁，證明議會文化仍在襁褓之中。危機來臨時，德國民眾沒有尋求政治制度，而是尋求強而有力的領導與領袖人物。就此而論，他們與法國、英國和美國並不相同；這幾個國家也有配給制、戒嚴與其他限制，但只是暫時措施，並未永久改變政治基礎。戰爭也造成政治斷層進一步分裂。極端政黨首度躍上舞台，成為溫和施政之外的另一個認真的政治選項。第一次世界大戰不僅摧毀了德意志帝國，也引發社會與政治的分裂。無論在國內還是國外，社會帝國主義與世界政策都失敗了。

戰時經濟

財政大臣卡爾・赫弗里希（Karl Helfferich）對帝國議會報告時表示：「只要達成和平，我們就可以把打這場戰爭的帳單遞給敵人。」[16]情況正如一八七〇年俾斯麥發動的對法戰爭，政府一開始就不打算增稅，而是靠借款與債券來挹注戰費，戰前德國工人好幾年發動大罷工，因此政治當局迫切想守住一九一四年八月成立的、脆弱的「城堡和平」。帝國議會中針對「誰來付錢」的爭論也就顯得令人不悅。此外，天主教中央黨與社民黨投票支持戰爭借款的先決條件，是為了不讓工人階級多受苦。社民黨領袖哈澤在一九一四年八月四日的演講中明確表達這一點。他說明自己的政黨將投票支持戰爭借款提案，但警告政府必須記得「婦女與兒童失去了養家的人。他們不只要為心愛之人擔憂，還受到飢餓的威脅。」[17]絕對不能讓工人階級承受更多重擔。相較之下，英國政府很有把握民眾會支持自己參戰，因此覺得可以大大加稅。英國的所得稅從一九一四年的百分之六，提升到一九一八年的百分之三十，繳稅的人也多了近三倍。[18]總之，德國政府在八月四日提出的借款包裹議案，完全是朝發動一場短期、成功的軍事行動，以獲得賠款，好寅吃卯糧而做。

一開始，軍方與政界的支持者宣稱已經做好財務準備。畢竟德國有著名的「帝國戰爭金庫」（Reichskriegsschatz），一筆包括普法戰爭賠款在內的戰爭基金。帝國戰爭金庫是貨真價實的戰費金庫。一千二百個木箱子裝著從未流通過的閃亮金幣。一八七一至一八七四年間，法方以黃金支付賠款，德國則把黃金鎔掉，鑄造成金馬克幣。肖像面是威廉一世的側臉，周圍刻有「威廉，德意志皇帝與普魯士國王」的字樣。反面則是德意志

---

16 Wehler, p. 202.

17 Social Democratic Party Statement on the Outbreak of the War' by Hugo Haase.

18 'Taxation during the First World War'. Official figures from www.parliament.uk.

帝國紋章。這些箱子存放在斯潘道城堡（Spandau Citadel），該城堡位於柏林西郊，是一座十六世紀文藝復興建築風格的城堡。用來擺放這些箱子的尤利烏斯塔（Julius Tower）是斯潘道的標誌性建築之一，至今猶存。尤利烏斯塔高三十英尺，頂有垛牆，讓人聯想到中世紀的城堡。塔壁厚三公尺，成為擺放黃金儲備的安全地點。這些金幣從來沒有使用過，而是直接運往城堡。閃耀著愛國光芒的金幣藏在厚牆後的黑暗之中——這種想法令民眾浮想聯翩。直到今日，德語仍用「尤利烏斯塔」（Juliusturm）來指政府資金盈餘（一九五〇年代以後再也沒有這種情況）。因此，帝國戰爭金庫成了理想的宣傳材料，讓帝國議會與知道情況的德國民眾放心，畢竟有個財政緩衝在呢。其實，這些金幣在一九一四年僅價值約一億二千萬馬克。經濟史學家韋勒估計，戰爭的直接成本達到每天一億馬克。[19]也就是說，這座金光閃閃的金庫連兩天的戰費都付不起。

截至一九一九年，戰爭直接成本總額逼近一千六百億馬克，其中只有百分之十六是用稅收支應。不足之處皆得仰賴借款與戰爭公債。為了大幅提升現金流通，政府在一九一四年九月後，引進一種無法直接在銀行兌換為硬幣的銀行券。這種新的紙幣跟國家的黃金儲備沒有直接聯動，印鈔票變得更容易，幣值也可以根據需求調整。其實，政府在戰爭期間十三度重新發行貨幣，造成紙幣過剩，馬克重貶。一九一三年，四點二馬克可以買到一美元；到了一九二〇年二月，需要三十二點九馬克才能買到一美元。[20]韋勒甚至主張，「德國的戰後通脹始於一九一四年八月。」[21]一九一六年以降，大多數德國人開始渴望和平，不計代價。這也難怪軍方領導層愈來愈堅持要求勝利和平，一定要從戰爭中有所獲得，擊敗外國，這樣才能讓對方負擔成本。德國若在沒有收穫的情況下停戰，就等於經濟破產。

人工創造出來的龐大資金，本是為了支應兩項關鍵需求。第一，要以前所未有的規模為戰爭機器提供原物料、人力與基礎建設，才能繼續打這場浩大的消耗戰。第二，本國的平民與前線龐大的作戰部隊必須有起碼的糧食與必需物品的供應，民心士氣才不至於受到配給與短缺所影響。第一次世界大戰維持的時間、規模與衝突特性，導致這兩個

19 Wehler, p. 201.
20 數值換算出自加州大學聖塔芭芭拉分校德國史教授哈羅德·馬爾庫塞（Harold Marcuse）。
21 Wehler, p. 202.

需求都不可能滿足。戰前，德國進口的原物料有半數來自海路，這部分甫開戰就被英國海軍封鎖所切斷。英國政府在一九一四年八月四日宣戰後，就對德國實施全面禁運。這種「飢餓封鎖」（hunger blockade）至少有部分是以平民為目標，也就是說達到違反國際法的構成要件，因此連美國等中立國對此也不無批評，憤怒的德裔美國人要求政府採取行動。此外，封鎖對棉業造成嚴重干擾，激怒了美國商界遊說團體，他們認為如果在歐戰選邊站就得蒙受經濟損失的話，那何必參一腳？魯西塔尼亞號的沉沒，以及德國海軍實施的無限制潛艇戰，迅速改變美國有所保留的態度。因此，英國得以在英吉利海峽，以及奧克尼群島（Orkney Islands）和挪威之間布雷、巡邏，實施封鎖，控制進入上述水域的商船，防止德國海軍駛出北海。德國遭受這種「遠距離」封鎖，將近半數的進口品無法取得，裡面除了有戰爭所需的原物料，也有食品、咖啡與肥皂等。戰時經濟的兩大目標受到嚴重影響，唯一的解決方法就是忍，盡可能節約，或者拿本國或盟國處可以取得的物品來替代，才能減少供應的消耗。

政府必須採取程度前所未有的干預，才能因應突如其來且出乎意料的經濟協調需求。一九一四年時並不存在合適的結構。海上封鎖顯然難以突破，加上西線戰事已經陷入壕溝戰，就不能等到準備周全，而是必須盡快將戰略轉型為計畫經濟。早在一九一四年八月，當局便成立戰時原物料部（Kriegsrohstoffabteilung），由通用電氣公司創辦人，猶太裔商人瓦爾特・拉特瑙主導。從如此重責大任交託到他身上，就能明確看出他的經濟專業備受重視。但這場戰爭讓德國的反猶情緒加劇，他的政治生涯也在一九二二年以悲劇方式戛然而止。他開著自己的敞篷車前往外交部，途中遭到極端民族主義組織「執政官組織」（Organisation Consul）的兩名成員襲擊。一人手持MP18衝鋒槍朝拉特瑙開槍，另一人則把一枚手榴彈擲進他的座車。拉特瑙當場身亡，成了德國政治在一戰期間走向激進的悲劇象徵。拉特瑙竭盡所能，只求達到最高指揮部愈來愈荒唐的要求，結果別人卻把戰敗的責任怪到像他這樣的猶太商人頭上，實在是不勝唏噓。比方說，生產彈藥與農業肥料所需的硝酸鈉，主要本來是從智利進口的。拉特瑙安排以「哈柏—波希法」（Haber-Bosch process）製造的合成胺來取代硝酸鈉，而發明這種方法的弗里茨・哈貝爾（Fritz Haber）後來更在一九一八年獲得諾貝爾化學獎。大規模推行哈柏—波希法的成品，得以廣泛用於戰備物資生產與農業上。

然而，再怎麼有能的管理都會有極限，戰事開始不過幾個月，德國戰爭經濟便遭遇嚴重供應問題。短缺的情況讓徵用與配給成為必要之惡。起初仍有部分原物料能透過義大利輸入，例如棉花，但義大利在一九一五年加入協約國陣營，這條補給線也隨之枯竭。作為替代，德國立刻開始種植亞麻和麻，但當然無法在短時間內因應如此龐大的布料需求。於是，詭異且極為不得人心的強制徵收程序就此展開。從內褲到床單，從門把到屋瓦，東西統統被地方當局充公了。教堂的鐘跟黃銅樂器被鎔掉，金銀珠寶也被強制取走，完全不顧這些東西對所有者的情感價值。這種孤注一擲、基本上並不成功的做法，讓所有人看到了德國是多麼奮力掙扎，才能在供應戰當中跟上對手。

興登堡在一九一六年八月接下全體指揮權，並組建第三屆陸軍最高指揮部，此時的德國正處於凡爾登、索姆河、布魯西洛夫等深不見底的人命與經濟災難當中。因此，興登堡計畫才會要求轉變為總體戰。一九一四年八月四日，各政黨已經把所有經濟政策的制定權交了出去，但興登堡此時卻要求人們徹底犧牲一切，彷彿《授權法案》還沒有造成計畫經濟一樣。德國平民的處境完全不在考慮範圍。比方說，鋪天蓋地的煤炭需求，意味著取得的煤炭幾乎全數用於戰備，只有涓滴流入其他用途。德國產業因此陷入嚴重的能源短缺，電廠與自來水廠陷入停擺，整個地區甚至倒退回中世紀。蒸汽火車要燒煤，沒有煤就不會動，意味著連少許可用的補給都無法運抵目的地。一九一六至一九一八年，軍隊高層迫切想從戰爭中獲得什麼，什麼都好，結果造成德國立國以來最嚴重的經濟危機。

戰爭的末兩年，交戰國經濟實力之間的失衡愈來愈嚴重。德國原本期望成功實施施利芬計畫，打一場單線戰爭，卻在一九一七年被敵人團團包圍。一九一七年末，俄羅斯在革命後退出戰爭，讓軍方短暫而不切實際地盼起所有物資都能投入西線的期望。然而，西線的對手卻得到美國經濟力量近幾無限的補給所強化，粉碎了德軍高層的幻夢。戰爭經濟在一九一八年十月遭受致命一擊，奧地利與占領下的羅馬尼亞相繼崩潰。由於引擎動力機械與車輛取代了馬匹與人力，礦物油已經成為工業化戰爭的關鍵原料，但兩國的垮台卻導致礦物油供應枯竭。德國的庫存物資頂多只能支持幾個月，但此時民心厭戰，軍情無望，政局也不穩定。

歷史學家數十年來不斷探討德國戰時經濟管理是否失當，但這個問題是吵不完的。一九一四年時，所有交戰國都無法預料到大戰的性質與規模。十九世紀確實有幾場衝突，像是克里米亞戰爭與美國內戰，已經預示了現代戰爭中經濟受到徹底毀滅的情況，但到了一九一四年，這些都成了過往雲煙。德軍以一八七〇年的普法戰爭為範本。普法戰爭有意料之外的阻礙，也有不悅的片段（尤其對法國百姓更是如此），但整體來說為時短暫，經濟上對德國來說也很划算。一九一四年展開的消耗戰不只無法預料，計畫、管理與經濟長才再怎麼樣都無法彌補軸心國與敵人之間的物力差距。早在一九一四年八月打響第一槍的那一刻，德國就已經輸掉了這場經濟大戰。

苦難

彼得・柯勒惠支（Peter Kollwitz）正在享受一九一四年的暑假。當時流行「漂鳥運動」（Wandervogel），旨在以美化自然與前工業社會生活來反抗現代化，而這位少年也是這波青年浪潮的一員。他跟漢斯・科赫（Hans Koch）、埃里希・克雷姆斯（Erich Krems）和里夏特・諾爾（Richard Noll）這幾位朋友一起前往挪威健走度假；船駛離威廉港（Wilhelmshaven），他向母親凱綏（Käthe Kollwitz）揮手告別。一行人一邊健行，一邊唱著民歌，夜裡則挨著營火吟詩，享受清新的空氣與壯闊的景致。但他們的寧靜卻在八月一日得知德國宣戰時倏地破碎。這幾位愛國年輕人旋即立誓要響應守護祖國，並立刻取消剩餘的度假行程。彼得在八月六日返回柏林家中，得知哥哥漢斯（Hans Kollwitz）已經志願從軍，擔任陸軍軍醫，而母親也加入全國婦女服務隊（Nationaler Frauendienst），一個動員所有有餘裕的志願者協助後方工作的婦女組織。他們家第一次在窗前懸掛黑紅白旗。彼得深受感動。他也想幫忙，也想盡自己的責。十八歲的他仍然是時謂的未成年人，需要得到父親卡爾（Karl Kollwitz）的允許，才能加入志願的地方防衛軍。八月十日，凱綏在日記中寫道：

> 晚上，彼得求卡爾允許他加入志願的地方防衛軍。卡爾提出每一個能反對他的理由。……他一直默默地看著我，用眼神求我替他說話。……我起身，彼得跟在我後頭；我們站在門口擁抱和親吻，然後我懇求卡爾任彼得去吧。[22]

22 譯自凱綏・柯勒惠支的日記。

凱綏・柯勒惠支在兒子一九一五年過世後畫的第一幅作品，描繪母親護著懷中嬰兒的姿態。

柯勒惠支先生終究還是讓步，彼得於是和朋友一起加入預備役二〇七步兵團，成為步兵。經過幾星期的新訓，這些男孩們就算準備好了。一九一四年十月十二日，他們奔赴戰場。彼得把母親翻得破破爛爛的《浮士德》和一副口袋西洋棋收進行囊，搭上開往比利時的火車。他的朋友埃里希·克雷姆斯描述了幾個男孩們在比利時眼前所見：

> 我們這三天都睡在路邊。……我們現在對遠遠近近的砲火聲已經滿不在乎；我們看到許多人趕赴前線：砲兵、醫療兵、工兵、彈藥補給隊、指揮部的快車，統統都怒奔向前，趕赴戰場。……但我們得乾等。我們是預備役。但我們感受得到戰鬥。「取槍」的命令隨時都會下來，到時候我們就要下戰壕，加入這場「走鋼索」大賽。[23]

凱綏寫信給兒子。她吐露心聲，為他的性命擔憂，但她用藝術化解自己的恐懼，在

23 Winterberg, p. 90.

勾勒圖像時「把心裡的壓力釋放到紙上」。由於沒有得到回音，她的筆調變得愈來愈激動：「我的愛子，你有收到我們的明信片嗎？想到我們寫什麼都沒有送到你那兒，感覺真的很怪。」彼得確實沒有讀到這條最後的訊息。寫著這段話的明信片在十月三十日寄回柏林，上面注記「擲回寄件人——收件者亡」。凱綏的小兒子上戰場才十天，就跟她天人永隔了。她再也沒有走出自己的悲痛與愧疚。她的孩子在自己的鼓勵下，以這種毫無異議而慘烈的方式失去性命，這件事情將困擾著她的餘生。她在一九二〇年代與三〇年代有許多出奇逼真的繪畫、雕塑與素描，主題是悲痛的母親與逝去的兒子，例如她在一九二一至二三年間完成的版畫系列作《戰爭》（*War*）。戰爭期間，她始終打不起精神去完成原本為了懷念彼得而做的雕塑，後來她在一九一九年將之毀棄。[24]她原先的愛國情懷化為極端和平思想，並激烈反對政府愈來愈不擇手段的徵兵。

柯勒惠支一家遭逢的命運，在社會各階層重演了數百萬次，總計二百萬德國人在前線喪生。一九一四年戰爭爆發時，所有介於十九歲至二十二歲的德國年輕男子當中，有百分之三十五在四年後戰爭結束時已不在人世，比例之高令人咋舌。這個「失落的一代」在家庭、社群乃至於德國整體社會留下了巨大的空洞，而他們徒勞犧牲的事實，引發了一種集體的憤怒與怨念，在未來多年糾纏著德國。法國、英國與美國能夠歌頌陣亡的人，說他們是戰爭英雄，為了遠大的目標而犧牲自己，但德國不是這樣，德國家庭沒有這種慰藉。人家告訴他們，他們響應皇帝號召參戰是錯的，不該這樣硬著頭皮把兒子、兄弟與丈夫派去參加注定無望的帝國主義行動。德國沒有停戰日（Armistice Day）紀念活動，對於戰爭記憶的處理將會讓一九二〇年代的社民黨政府倍感尷尬與頭痛。

早在戰爭期間，戰爭的現實已經猛然把柯勒惠支一家這樣的人，從「為祖國英勇抗戰」的浪漫想像中扯醒過來。一九一四年八月初，父母夢想兒子回家時會穿著熨得整整齊齊的制服，胸前別著勳章，而且一切都會在聖誕節前結束，但事實上卻有愈來愈多父母寫明信片給孩子，都得不到回音。他們的兒子死在異國戰場的泥濘中，或者被人遺忘，或者就地草草掩埋。返家的人往往毀了容。總共超過四百二十萬德國人負傷。奧托．迪克斯（Otto Dix）等畫家捕捉到柏林和其他德國城市裡，退伍軍人因截肢無法工作，淪為乞丐無家可歸的景象。但命運最慘的還是許許多多顏面傷殘的人。由於第一次

24 MacGregor, p. 404.

奧托・迪克斯，《傷殘軍人》（*War Cripples*），帆布油畫，一九二〇年。於柏林的第一屆國際達達博覽會（First International Dada Fair）首度展出。

世界大戰性質使然，這類情況成為常態的悲劇。一九一四年八月，德軍士兵出戰時戴的仍是標誌性的釘盔。在壕溝戰的環境下，戴釘盔的人不僅因此成了明顯目標，而且皮質的釘盔完全擋不住子彈和砲彈破片。一九一五年，戰備用的皮革逐漸用完，士兵改戴上漿毛帽甚至紙製的頭盔，直到一九一六年慢慢推廣鋼盔才有所改善。但不管是哪一種頭盔，頜部、口鼻和眼睛都完全暴露在外。砲彈爆炸時，火紅的金屬片會以恐怖的速度穿梭在空中。遭擊中且倖存的士兵通常都會毀容。當時皮膚與骨頭移植並不普及，傷者得到的最佳處置，就是用塗了色的錫面具，來遮蓋原本應存在下巴、牙齒或鼻子的大洞。飲食往往變得極為困難，許多人會在數個月甚至數年後死於感染。其他人則對倖存者避之唯恐不及。狂熱的愛國心開始變成憤怒與不滿。

後方的情況同樣不樂觀。統一戰爭成了範例，展現戰爭可以怎麼樣打，怎麼樣贏，而且對本國平民沒有太大影響。因此，軍方幾乎沒有為平民的糧食供應做任何規劃，甚至不認為有必要實施配給。直到英國施行海上封鎖，加上戰爭的第一個冬天，也就是一九一四年跨一五年的冬天就嚴重歉收，最高指揮部才開始規劃更直接的糧食生產、定價與分配管理。這時已經來不及了，既有供應已經不足，又爆發嚴重的馬鈴薯晚疫病，最後就成了所謂的「蕪菁之冬」（turnip winter）。德國人在戰爭期間嚴重營養不良，據估計約有七十五萬人因此而死。戰爭末幾年，短缺的還有煤炭、木材與油料，人們只能在沒有充足暖房，水電供應瓦解的情況下撐過一九一七年跨一八年的寒冬，生活在黑暗與不衛生的環境中。從一九一八年春季開始，可怕的西班牙流感疫情從西線戰壕擴散回本國，在餓肚子的人群中找上沒有抵抗力的受害者。光是柏林就有五萬人在疫情爆發的頭六個月病死，德國其他地方染疫身亡的人達三十五萬人。

身處這一切苦難與混亂之中，德國人仍然肩負期望，要為祖國作戰或工作。所有年齡介於二十歲至四十五歲之間的男子，都有可能受徵召服七年兵役，只有從事極為重要、專門工作的人才能免役。政府一開始並不需要強制徵兵。[25]志願者大軍足以淹沒募兵處。一九一四年八月，軍隊人數在短短十二天內，從八十萬人順利擴大為三百五十萬人。但戰事不斷拖延，隨之而來的死亡證明與傷兵後送讓愛國熱情跟著消退。一九一六年十二月的《義務服務法》規定，受徵召服役的人，必須投入戰備產業，或是任何需要人力的工作。然而，多數四肢健全的男性此時皆已奉召，只有難以取代的專家得免。由於煤產量陡降，加上時值寒冬，軍民處境更加惡化，最高指揮部甚至不得不把四萬名礦工從前線派回本國。

情況可行的話，應由婦女取代男性到田裡與工廠裡工作，而興登堡計畫起先也預料到義務要有法律根據，因此將之納入《義務服務法》。但這個構想居然引起政界乃至於整體民眾的憤怒反彈，一下子就胎死腹中。當局改採就業計畫與宣傳等方式鼓勵婦女工作。這些鼓勵措施的作用與普遍的看法相反，影響相當有限。第一次世界大戰並沒有掀起婦女解放的浪潮，因為她們並不是從丈夫的桎梏下得到自由，得以隨心所欲從事美好的工廠勞務。沒錯，戰時家外女性勞動力增加了百分之十二，但一九七〇與八〇年代已有許多研究指出，這種增長主要是勞務重組，而非增長。[26]由於民間服飾等消費商品迅速衰退，紡織產業工作（典型的婦女職業，過去往往是在家工作）變得愈來愈少，而男性工人變成稀有品種，女性到工廠工作可以賺取更高的薪資。也就是說，多數的「新」女性勞工，本來就在以勞務賺取薪資，而下田工作或維護機具的農村婦女就跟過往幾代人一樣不受重視。工廠裡的男同事對女性勞工的輕視往往多於感激。工廠工作非常艱苦，沉重體力勞動每天長達十四小時；一九一八年，有個德國工人在日記裡抱怨：「每天晚上至少都有一個女人在機器旁累垮，有時候甚至是好幾個。」而這種怨言相當普遍。但女性在和平運動中卻是有音量、有影響力的成員。直言不諱的凱綏．柯勒惠文、克拉拉．蔡特金和羅莎．盧森堡（Rosa Luxemburg）等人代表眾多婦女，反對進一步讓

25 Thamer, p. 35.
26 Bajohr.

一整代的年輕德國男性送死。盧森堡參與和平運動，加上她領導極左派的斯巴達克斯同盟，成了後來她在一九一九年一月慘遭戕害的殺機。「紅羅莎」在戰後那個動盪不安的冬天，與革命同志試圖建立社會主義政權。過程中，右翼反革命分子抓了她，刑求她，用步槍槍托把她打到不省人事，然後槍殺了她。她的屍體被人隨意拋進柏林的護城運河（Landwehr Canal），但她在戰爭期間與戰後展現的勇氣將永遠流傳下去。超過十萬柏林市民參加了她的葬禮，每年的一月十五日，也就是她的忌日，人們仍然會遊行前往她的墓向她致意。

從社會角度來看，第一次世界大戰對德國人民來說是徹徹底底的創傷。法國與英國民眾同樣受創，兩國百姓承受前所未有的傷亡，法國的土地與財產更是遭到嚴重破壞，但德國人的心理創傷卻是獨一無二的。一九一四年，德國以經濟與軍事超級強權的姿態傲然而立。德國有世界一流的發明家、思想家與科學家，過著有史以來最好的生活。四年過去，德國的經濟、軍力與聲譽化為齏粉。德國人口嚴重減少，倖存者不只身心受創、飢腸轆轆，而且深感受辱。德意志帝國的崩潰，傷到了人心的最深處。犧牲、艱苦與損失統統付諸流水。戰爭加劇社會分裂，黑市管道成為生存的關鍵，陣亡、負傷、疾病與飢餒對工人階級造成不成比例的嚴重打擊，但如此慘況卻也出奇凝聚人心。第一次世界大戰的創傷堪比三十年戰爭，而三十年戰爭剛好是在三百年前開打。這是一場激發民族不屈意識的集體災難。

帝國傾頹

「叛國！」威廉人在位於比利時斯帕（Spa）的司令部，他在房裡踱著步，一次又一次地喊著。時為一九一八年十一月九日，他在下午兩點時得知，自己的帝國首相巴登的馬克西米利安，已經在兩個半小時前宣布皇帝遜位。消息傳來時，他人正坐在桌前，準備簽署文件表明自己願意放棄帝國皇座，但保留普魯士王位。無論在憲法上還是實際上，這種做法都不可能，而馬克西米利安深知這一點。他曾於十一月一日派普魯士內政大臣「比爾」德雷夫斯（'Bill' Drews）前去說服皇帝退位，但未能成功。八天後，軍情與政治局勢已經動盪到不能再慣著威廉，任他隨心所欲。箭在弦上，馬克西米利安已經掌握局面。皇帝怒不可遏。他坐進爐火邊的扶手椅，菸一根又一根，對自己與國家的未來耿耿於懷。他開始草擬電報，重複幾天前用電話講過的威脅，「你們柏林那邊不恢復神智的話，我就帶兵把你們全都槍斃！」[27]不，這樣行不通。他把紙條揉成一團，扔進火裡。他得親自去柏林面對反逆者。他登上皇家列車要返回德國，卻得知這一趟無法成行。地方的動盪局面導致許多車站已遭占領。皇家列車很有可能被人攔下，面對憤怒的社會主義煽動者，皇帝性命堪憂。威廉被迫打扮得像是尋常的難民，喬裝逃離。列車改變路線前往荷蘭，希望奧蘭治—拿騷家族（Orange-Nassau）能允許一位霍亨佐倫家族的親戚入境。十一月十日凌晨，又怒又累的威廉跨越邊界，不久後抵達友人阿登堡—本廷克伯爵哥達特（Count Godard van Aldenburg-Bentinck）的莊園。尼德蘭女王威廉米娜（Wilhelmina）猶豫了兩天，但終究決定不會將威廉作為戰犯引渡出去。即使壓力與日俱增，她也沒有退讓，而是召集盟國大使到她的王宮，向他們詳細說明政治庇護的規矩。威廉可以搬到不久前翻新的多恩莊園（Huis Doorn），過著低調但精緻的退位生活——估計光是第一年就花了大約六千六百萬馬克。他在十一月二十八日簽署正式退位文件，跟德國斷絕所有正式關係，並承諾不再涉入政治。雖然他忍不住幻想霍亨佐倫王朝復辟，但他從未採取任何實際行動。威廉反倒在近乎於著魔的嗜好，也就是伐木當中覓得了些許平靜；一九一九年十一月十九日，他相當自豪自己砍的樹達到一萬二千棵。這恰好也是他生命畫下句點的方式。一九四一年三月，他在伐木場中昏倒，再也沒有恢復意識。六月四日時，他以八十二歲之齡辭世；自一九一八年那個注定的十一月以來，他就再也沒有踏上祖國土地。

長久以來，各界不斷探討霍亨佐倫君主國是否還能挽救？克里斯多福・克拉克認為，「假如威廉沒有在十月二十九日離開首都，前往斯帕的司令部」，假如他像以前那樣花時間討好媒體和輿論，「說不定還能保住王位」。[28]另一方面，德國歷史學家諾恩則談到「合法性的侵蝕」（erosion of legitimacy），認為這種現象從一九一四年起便影響王權，乃至於整體貴族的優越地位。[29]他主張這場戰爭加速了既有趨勢，而軍事失利則是舊秩序的催命符。第一次世界大戰毫無疑問是霍亨佐倫王朝垮台的核心因素。一九一四

27 Kissel.
28 Clark, *Wilhelm*, p. 341.
29 Nonn, p. 106.

年以前，社民黨與自由派的確有不少人呼籲建立共和體制，但德國民眾整體而言仍視既有秩序為常態。縱然是這場曠日廢時、災難性的戰爭，人們起先也沒有歸咎於威廉犯了錯。是他在一九一七年與一九一八年的舉止，才讓他的聲譽受損到難以修補。子民受苦受難身死之時，皇帝卻是在距離首都甚遠的地方跟朋黨打牌。他曾經公開討好民眾，如今卻感到恐懼，寧可遁入由小圈子構成的夢幻世界。唯一挽回顏面的舉動，是他在一九一八年十月二十六日終於決定開除愈來愈瘋狂的魯登道夫。情勢愈來愈明朗，盟軍只會接受相當於無條件投降的結果作為停戰的前提，結果魯登道夫突然高唱「武人的榮譽」將要「戰鬥到底」。這套「腹切政策」（Harakiri Policy）[30]甚至包括一項說了等於沒說的提議，要威廉本人穿上戰鬥服衝向敵人，在戰壕中如士兵一樣死去，學習他許許多多的子民，以挽救他的名譽。把這個精神錯亂的軍頭開除，讓皇帝有個短暫的契機能調整後人對他的治世，以及對他這個人的印象，但這並非維持君主統治的可能道路。盟軍已經表明這一點。德國想要和平的話，就必須改革。

一九一八年九月二十九日，魯登道夫親口告訴皇帝戰敗已不可免，而這件事本該加速停戰協商才是。問題在於盟軍此時完全沒有理由做出讓步，這也當然。尤其是美國，美國擁有看似無止境的物力與人力供應能投入作戰，在必要時延長戰事也沒什麼心理壓力，甚至連入侵德國本土的選項都很輕鬆。面對祖國徹底毀滅的可能，軍方終究接受了自己必須妥協的事實，並提議接受美方根據威爾遜總統十四點方案為基礎的原始方案。但美國在十月十四日給德國政府的照會清楚表明，唯有德意志君主國的「專制權力」遭到摧毀，才有和平的可能。威爾遜重申：「據他判斷，和談的整體進程，將取決於這個基本問題能否得到明確、令人滿意的擔保。」[31]也就是說，威廉治下將不會有和平，連菁英階層如今都曉得改革已不可免。因此，德意志帝國在滅亡前不久，被人拽進一段短暫但貨真價實的民主，過程中又踢又掙扎。

德國首相巴登的馬克西米利安不僅是威廉遜位的推手，也是帶領國家展開改革的核心人物。他在十月一日上任後，便開始徹底改組政府，用幾星期的時間推動政壇左派要求了幾十年的改革。十月二十六日，社民黨、天主教中央黨與帝國議會內的自由派構成

30 Ibid., p. 105.
31 'Correspondence Between the United States and Germany Regarding an Armistice', p. 89.

多數，通過法案包裹。十月的這些改革項目，把國會置於政府的核心，使首相對國會負責，而不是對皇帝負責。未來是和是戰，將由帝國議會和聯邦議會決定。普魯士也廢除了令人恨之入骨的三級投票制，重新劃分選區，讓選舉能較忠實反映都市無產階級的意見。皇帝在十一月九日退位後，民主化的過程算是走得夠遠了，盟軍同意停火，兩天後終於不再傳出槍響。

光憑德國菁英對民主改革的勉強示愛，恐怕不足以讓美國人，乃至於疑慮更深的歐洲盟友法國與英國，去相信現在跟自己打交道的，是個愛好和平的德國。十一月所謂的「德國革命」，在過程中扮演關鍵角色。一九一八年十月二十九日，也就是皇帝逃往比利時斯帕，似乎要遺棄自己的同一天，軍政菁英們進一步展現了他們對老百姓有多麼輕蔑。自從一九一五至一六年間的小規模遭遇戰以來，德國海軍一直扮演被動角色，如今艦隊指揮官們認為自己該大展身手了。他們在沒有諮詢柏林的政府、最高指揮部甚至皇帝的情況下，就下令基爾（Kiel）港內的艦隊出航，與英國皇家海軍最後一戰。此舉無異於自殺任務，憤怒且厭戰的水兵對這種搞錯方向的悲壯自毀沒有興趣。他們大規模譁變，對掌權者寸步不讓。儘管兵變領導人遭到逮捕，同袍卻在十一月三日襲擊軍事監獄，救出他們。法治崩潰，許多社會主義者的革命舊夢似乎就要實現。革命狂潮席捲德國城市，許多地方的政府都被蘇聯模式的工人委員會取代了。火車站、郵局與新聞通訊社遭到占領，菁英們唯恐俄羅斯式的清算臨頭。長久以來，社民黨與獨立社民黨一直試圖把這個有點嚇人的民主精靈從瓶子裡放出來，如今卻是勉強承擔起領導這個精靈的責任。菁英與社會主義運動極端側翼以為真正的革命就要到來，但事實證明他們都錯了。水兵、士兵與工人之所以走上街頭，不是因為渴望建立沒有階級的烏托邦，而是因為厭戰、飢餓與絕望。只要是能達成和議的政府，都可以結束他們的憤怒。首相馬克西米利安與溫和派社民黨黨魁弗里德里希・艾伯特（Friedrich Ebert）密謀迫使皇帝退位，宣布德國為共和國時，都很清楚這一點。

十一月九日，情勢來到緊要關頭。馬克西米利安知道，政府要能讓德國民眾與盟軍相信改變正在成真，而光是因為他身為貴族的一員，就不適合來領導政府。於是，他把自己身為首相的權力，以不合憲的方式直接交給艾伯特。社民黨黨魁感覺是個理想的折衷人選。他深思熟慮、立場溫和，是受人敬重的君主立憲支持者，肩負期望成為菁英與群眾間的橋梁。新政權由最大黨領導人掌舵，同樣是向協約國清楚表示如今它們打交道的對象，是貨真價實的民主國家。艾伯特的好友及同為社民黨人的菲利普・謝德曼（Philipp Scheidemann）向德國民眾宣布了這個消息。他在柏林帝國議會大廈的窗邊告訴底下的群眾，皇帝已經退位，德國已成為共和國。支持改革的溫和派社民黨掌握權力的同時，斯巴達克斯同盟的激進社會主義者擔心革命會從手中溜走，覺得必須採取行動。他們的領袖卡爾・李卜克內西（Karl Liebknecht，一九一四年十二月唯一對進一步戰費借款投下反對票的議員，戰爭期間多數時候因叛國罪而遭關押）決定也要向柏林市民發表演說。謝德曼宣布建立「民主共和國」的兩小時後，李卜克內西站在柏林宮陽台上，向暈頭轉向的群眾宣布成立「自由的社會主義共和國」。

對於德國戰後的未來，這兩種大不相同的願景，具體而微地呈現了德意志帝國驟然大去帶來的問題。無止境的衝突塵埃落定時，浮現的是一個依然不安、不團結，對政治身分認同並不確定的國家。多數德國人唯一的共識，就是自己不想要什麼——不要威廉，不要戰爭，也不要這兩者為自己帶來的痛苦。德意志帝國並非因為民主或社會主義願景而崩潰。推翻帝國的既不是德國人民，也不是協約國。帝制之所以傾頹，是因為一開始就有缺陷，居然以戰爭而非博愛為基礎。這個國家要以衝突為食，始能維繫其統一，對於衝突的持續渴求不斷增長，直到災難在一九一四年降臨。德意志帝國已經繞回起點。始於鐵血，也終於鐵血。

尾聲

落幕？

Conclusions: The End?

整整四十八年前的今天，也就是一八七一年一月十八日，一支入侵軍在凡爾賽宮宣布德意志帝國成立。……生於不義，死於恥辱。各位之所以齊聚一堂，是為了修補已經犯下的惡，並防止憾事再度發生。

——龐加萊，一九一九年

前面這段話，是法國總統龐加萊（Poincaré）在巴黎和會上的開場白，希望在場三十多國的代表莫忘此行目的。和會日期與地點的選擇，都很有象徵意義。法國邀請世人前來，不僅是為了彌補一九一四至一八年的錯誤，也是為了匡正一八七一年的錯誤。法國總理喬治．克里蒙梭（Georges Clemenceau）還不知道和約最後內容之前，就已經預訂凡爾賽宮，作為簽署和約的地點。無論和會結果如何，法國絕不能再度遭受「同一種週期浪潮的入侵」。[1]七十七歲的克里蒙梭這輩子已經看過兩次大軍壓境，他將無所不用其極去摧毀德意志，而且要在凡爾賽宮，也就是德意志帝國誕生之地。

然而，德國不會在一九一九年遭到瓦解。近五十年來，這個新民族國家已經穩穩立足於歐洲，乃至於全球的經濟、政治與心理肌理中，因此並非所有人都樂見德國在一夕間消失，而且這麼做也不可行。法方對於這個議題的感情用事，雖然惹惱了美國與英國，但兩國還是對克里蒙梭的部分要求讓步。英國首相勞合．喬治（Lloyd George）後來抱怨說：「我從來不想去他那該死的首都舉行和會……但那老頭又哭又鬧，我們只好順他的意。」[2]然而，他們還是明確畫了界線，不能完全拆解德意志民族國家。話雖如此，德國仍失去了大片土地，像是注定回歸為法國省分的亞爾薩斯與洛林；獨立國家波蘭的建立，也是從德國與俄羅斯分了土地出去。北什列斯維希劃歸丹麥，其他地區則歸屬比利時與立陶宛。德國失去六百五十萬人口與二萬七千平方英里的土地，分別相當於損失戰前水準的百分之十與百分之十三。中燒的怒火，將困擾從戰爭餘燼中誕生的年輕德國民主制度。雖然德國損失甚重，但這跟法方將整個民族國家拆解的計畫相去甚遠。原定計畫是鼓勵南方天主教邦國與萊茵蘭的分離運動，希望能沿著萊茵河、美茵河與奧德河將德國分成三塊，這樣東部併入波蘭之後，南部與萊茵地區則各自成立德意志邦聯。法國揮之不去的恐懼將因此得到緩解，因為此前德國無論是人口、土地、軍隊還是資源，都是法國的兩倍。這一仗摧毀了沙俄、鄂圖曼與奧匈帝國，這三個帝國都有悠久的歷史與傳統。這樣說來，年輕的德意志帝國豈不是一點壓力就會崩潰？戰爭與勝利曾是黏合德意志帝國的膠水，而和平與恥辱將迅速將這個脆弱的聯邦給融化。

法國人盡其所能鼓勵分離主義訴求，尤其是盟軍占領下的萊茵河左岸。當地反普魯

---

1 Raymond Poincaré, 'Welcoming Address at the Paris Peace Conference', 18 January 1919.

2 MacMillan, p. 35.

士情緒確實高張，發生在魯爾工業區的「德意志革命」對霍亨佐倫霸權的敵意更熾。然而，情況與一八四〇年的萊茵危機一樣，但凡有一絲法國人要併吞這個德意志地區的味道，都會喚醒人們對於拿破崙威逼的集體記憶。更有甚者，反正人人稱厭的皇帝已經沒了。多數萊茵蘭人對德國戰敗感受極其深刻，對法方的復仇主義（revanchism）不以為然。南德也不如法國所預期。當地對普魯士以及柏林的霍亨佐倫勢力確實抱持敵意，發生在巴伐利亞的德意志革命也伴隨著獨立的呼聲。一九一八年十一月八日，也就是威廉退位的前一天，社會主義者庫爾特・艾斯納（Kurt Eisner）宣布巴伐利亞為「自由共和國」，不想與「一小撮發狂的普魯士軍人」引發的戰爭有任何瓜葛。然而，巴伐利亞社會主義者也沒有興趣跟資本主義法國人合作。協約國顯然絕不會接受南德邦國與信奉天主教的奧地利合併，無處可去的邦國便留在德意志聯邦內，以聯邦制度所帶來的一定自治權為滿足。

德意志帝國建國後的這四十八年間究竟發生了什麼，居然讓國族概念變得如此寫實，使「脫離德國」始終出不了少數極端分子做白日夢的範圍？萊茵蘭人、巴伐利亞人與普魯士人怎麼會變成德國人？天主教徒為何沒有伺機徹底脫離新教徒多數的壓迫？南德為何沒有試著與好戰的普魯士人保持距離？答案很複雜。教育、世俗化與兵役當然都有一定程度的影響。德國在這段時期的巨幅人口成長，意味著大多數德國人都很年輕。他們只有體驗過民族國家，長大時經歷的是對統一戰爭以及開國元勳俾斯麥的歌頌。他們一起服了兩三年的兵役，在德國各地自由遷徙，湧入城市，與來自不同邦國與地區的同胞一起工作。跨宗教的婚姻日益普遍，科學也取代宗教，成為人生的羅盤。德國人曾以自己的殖民帝國為榮。他們發展出對咖啡的共同愛好，隨之而來的咖啡文化則為社會生活增添了純屬德意志而非地區的維度。他們為德國的造船、工程和科學突破而歡呼。他們有一首國歌，一面國旗與眾多民族英雄，以及世界一流的經濟，讓人引以為豪。

這一切全都跟第一次世界大戰的集體災難混在一起。男人在戰壕中與同袍咬牙苦撐，女人與小孩在大後方又累又餓又苦，整個民族承受著共同的創傷，而創傷讓他們團結。一九一八年與一九一九年的絕望與羞辱，觸發了共同的不屈與憤怒。如今身處敗戰的黑暗，俾斯麥與威廉所創造的簡直就是黃金時代。「皇帝替代品」興登堡在許多德國人心中不僅無可指謫，更在弗里德里希．艾伯特於一九二五年過世後，獲選為他們新共和國的總統，這一切絕非偶然。講到帝制，大家會想到經濟繁榮、民族自豪與軍事榮耀，但一戰後的共和國卻是始於飢餓、恥辱與戰敗。戰前的政治紛擾與隨之而來的苦難相比，霎時間就成了小兒科。形塑、鑄造、標示出德意志民族性格的，並非對民主制度的追求，而是德國民眾的共同經驗。

第一次世界大戰，已經成為德意志民族道路上一塊駭人的里程碑。一戰非但沒有摧毀俾斯麥與威廉所滋養出的防禦性民族主義，反而還強化之。這一次付出的鐵血代價，遠遠超過五十年前的統一戰爭，藥效自然也更為強大。戰爭摧毀了德意志帝國體制，摧垮了皇權、國界線與軍隊，但俾斯麥的遺緒將繼續存在。德意志帝國在即將到來的黑暗時代襯托之下，化為一種理想的形象，完好保存在凝固的、黃燦燦的民族記憶琥珀中。

Germany Regarding an Armistice.' (1918). Source: *The American Journal of International Law*, vol. 13, no. 2, 1919, pp. 85–96.

Raymond Poincaré, 'Welcoming Address at the Paris Peace Conference' (18 January 1919). Source: *Records of the Great War*, vol. VII, ed. Charles F. Horne, National Alumni, 1923.

Kaiser Wilhelm II, 'Speech from the Balcony of the Royal Palace' (6 August 1914). Source: Gilbert Krebs und Bernhard Poloni, *Volk, Reich und Nation. 1806–1918*. Pia, 1994, p. 237.

Kaiser Wilhelm II, 'Speech to the Reichstag' (4 August 1914). Source: Friedrich Wilhelm Purlitz et al., eds., *Deutscher Geschichtskalender*, vol. 2, Leipzig 1914, p. 47.

Hugo Haase, 'Speech to the Reichstag' (4 August 1914). Source: Gilbert Krebs und Bernhard Poloni, *Volk, Reich und Nation. 1806–1918*. Pia, 1994, p. 239.

Hugo Haase, 'Social Democratic Party Statement on the Outbreak of the War' (4 August 1914), in *Verhandlungen des Reichstags* [Proceedings of the Reichstag], XIII. LP., II. Sess., 1914, Bd. 306, pp. 8 ff. Original German text reprinted in Ernst Rudolf Huber, *Dokumente zur deutschen Verfassungsgeschichte* [Documents on German Constitutional History]. 2 volumes. Stuttgart: Kohlhammer Verlag, 1961, vol. 2, pp. 456–57. Translation: Jeffrey Verhey.

UK Parliament, 'Taxation during the First World War'. In: www.parliament.uk/about/living-heritage/transformingsociety/private-lives/taxation/overview/firstworldwar (accessed on 25 August 2020).

Harold Marcuse, 'Historical Dollar-to-Marks Currency Conversion'. In: marcuse.faculty.history.ucsb.edu/projects/currency.htm (accessed 25 August 2020).

Käthe Kollwitz, 'Diary Entry'. Source: Grober, U., 'Das kurze Leben des Peter Kollwitz', *DIE ZEIT*, 48/1996.

Woodrow Wilson, 'Correspondence Between the United States and

printed in *Otto von Bismarck, Die gesammelten Werke* [Collected Works], ed. Gerhard Ritter and Rudolf Stadelmann, Friedrichsruh ed., 15 vols, vol. 6c, no. 440, Berlin, 1924–1935, p. 435ff.

Bernhard von Bülow, 'Germany's 'Place in the Sun' (1897). *Stenographische Berichte über die Verhandlungen des Reichstags* [Stenographic Reports of Reichstag Proceedings]. IX LP, 5 Session, Vol. 1, Berlin, 1898, p. 60. Original German text also reprinted in Rüdiger vom Bruch and Björn Hofmeister, eds., *Kaiserreich und Erster Weltkrieg 1871–1918* [Wilhlemine Germany and the First World War 1871–1918]. Deutsche Geschichte in Quellen und Darstellung, edited by Rainer A. Müller, vol. 8. Stuttgart: P. Reclam, 2000, pp. 268–70. Translation: Adam Blauhut.

Chamberlain, Houston Stewart, 'Foundations of the nineteenth century' (1910). London; New York: J. Lane, 1911.

Kaiser Wilhelm II, 'Hun Speech' (1900). In Manfred Görtemaker, *Deutschland im 19. Jahrhundert. Entwicklungslinien* [Germany in the Nineteenth Century. Paths in Development]. Opladen, 1996. Schriftenreihe der Bundeszentrale für politische Bildung, vol. 274, p. 357. Translation: Thomas Dunlap.

Kaiser Wilhelm II, 'Speech from the Balcony of the Royal Palace' (1 August 1914). Source of English translation: Kriegs-Rundschau I, p. 43. Original German text reprinted in Wolfdieter Bihl, ed., *Deutsche Quellen zur Geschichte des Ersten Weltkrieges* [German Sources on the History of the First World War]. Darmstadt, 1991, p. 49. Translation: Jeffrey Verhey.

Karl Marx. 'Communist Manifesto' (February 1848). 1992 Reprint. *The Communist Manifesto*. Oxford: Oxford University Press.

Otto von Bismarck, 'Kissingen Dictation' (1877). Source of English translation: Hamerow, T.S.(ed.), *The Age of Bismarck: Documents and Interpretations*. New York: Harper & Row, 1973, pp. 269–72.

Richard Wagner, 'What is German?' (1865/1878). Source of English translation: Ellis, W., *Richard Wagner's Prose Works*, vol. 4, Art and Politics, 2 ed. London: William Reeves, 1912, pp. 149–69.

Max Weber, 'Refl ections on Co-operation between the National Liberals and Bismarck during the 1860s and 1870s' (May 1918). Source of English translation: Lassman, P. and Speirs, R., *Max Weber, Political Writings*. Cambridge: Cambridge University Press, 1994, pp. 137–40.

Kaiser Wilhelm II, 'Decree of February 4, 1890 to the Reich Chancellor'. Reichs-und Staatsanzeiger [Reich and State Gazette], No.34 (5 February 1890). Original German text reprinted in Ernst Rudolf Huber, ed., *Dokumente zur Deutschen Verfassungsgeschichte* [Documents on German Constitutional History], 3 rev. ed., vol. 2, 1851–1900. Stuttgart: Kohlhammer, 1986, pp. 510–11.Translation: Erwin Fink.

Otto von Bismarck, 'Letter of Resignation' (18 March 1890). A portion of this translation was taken from Louis L. Snyder, ed., *Documents of German History*. New Brunswick, NJ: Rutgers University Press, 1958, pp. 266–68. Passages omitted from Snyder's anthology were translated by Erwin Fink for *German History in Documents and Images* and added to Snyder's translation. Original German text pp. 461–84.

Snyder, L., 'Nationalistic Aspects of the Grimm Brothers' Fairy Tales', *The Journal of Social Psychology*. vol. 33, pp. 209–23.

Stapleton, F., 'The Unpredictable Dynamo: Germany's Economy, 1870–1918', *History Review,* Issue 44.

Statista. 'Made-in-Country-Index (Mici) 2017 Report', de.statista.com/page/Made-In-Country-Index (accessed, 25 August 2020).

Stern, F., 'Money, Morals, and the Pillars of Bismarck's Society', *Central European History*, vol. 3, pp. 49–72.

Wassermann, A., 'Wildwest im Ruhrgebiet', *Der Spiegel*, vol. 03/2013.

資料庫與文件

Friedrich Wilhelm III, 'To My People' (17 March 1813). Source of English translation: Robinson, J., *Readings in European History, A collection of extracts from the sources chosen with the purpose of illustrating the progress of culture in Western Europe since the German Invasions*, vol. II, pp. 522–23.

Otto von Bismarck, 'Blood and Iron Speech' (20 September 1862). Source of English translation: Riemer, J., *Otto von Bismarck, Reden 1847–1869* [Speeches, 1847–1869], vol. 10, pp. 139–40.

Wilhelm Camphausen, *Die Erstürmung der Insel Alsen durch die Preußen 1864* [The Attack on the Isle of Also by the Prussians 1864]. Düsseldorf, 1866. Oil on canvas. Held in Deutsches Historisches Museum, Berlin.

Chisholm, H., 'Rhine Province', *Encyclopædia Britannica*, vol. 23, pp. 242–43.

Hatfield, D., 'Kulturkampf: The Relationship of Church and State and the Failure of German Political Reform', *Journal of Church and State*, vol. 23, pp. 465–84.

Heilbronner, H., 'The Russian Plague of 1878–79', *Slavic Review*, vol. 21, pp. 89–112.

LeMO. 'Lebendiges Museum Online'. *Deutsches Historisches Museum*, www.dhm.de/lemo (accessed, 25 August 2020).

Kissel, T., 'Der schrille Zwangspensionär', *Spektrum – Die Woche*, vol. 5/2019.

Kretzschmar, U., 'Foreword', *German Colonialism: Fragments Past and Present*, pp. 10–11.

Mork, G., 'Bismarck and the "Capitulation" of German Liberalism', *The Journal of Modern History*, vol. 43, pp. 59–75.

Paret, P., 'Anton von Werner's "Kaiserproklamation in Versailles"', *Kunst als Geschichte. Kultur und Politik von Menzel bis Fontane*, pp. 193–210.

Reichling, H., 'Das Duell', *Transcript of a Lecture,* www.reichlingzweibruecken.de/duell.htm (accessed, 25 August 2020).

Röhl, J., 'The Kaiser and his Court', *History Review,* vol. 25, September 1996.

Schröder, W., 'Die Entwicklung der Arbeitszeit im sekundären Sektor in Deutschland 1871 bis 1913', *Technikgeschichte*, vol. 47, pp. 252–302.

Shlomo, A., 'Hegel and Nationalism', *The Review of Politics,* vol. 24,

Verhey, J. (2006). *The Spirit of 1914: Militarism, Myth and Mobilization in Germany*. Cambridge; New York: Cambridge University Press.

Vogt, M. (1991). *Deutsche Geschichte von den Anfängen bis zur Wiedervereinigung*. Stuttgart Metzler.

Walser Smith, H. (2014). *German Nationalism and Religious Conflict: Culture, Ideology, Politics, 1870–1914*. Princeton, NJ: Princeton University Press.

Wehler, H.-U. (1997). *The German Empire: 1871–1918*. Oxford; New York: Berg, Cop.

Weintraub, S. and Mazal Holocaust Collection (1993). *Disraeli: A Biography*. New York: Truman Talley Books/Dutton.

Wende, P. (2005). *A History of Germany*. New York: Palgrave Macmillan.

Winterberg, Y. and Winterberg, S. (2015). *Kollwitz: die Biografie*. München: Bertelsmann.

Winzen, P. (2013). *Reichskanzler Bernhard von Bülow: mit Weltmachtphantasien in den Ersten Weltkrieg: eine politische Biographie*. Regensburg: Verlag Friedrich Pustet.

文章

Baumgart, W., 'Chlodwig zu Hohenlohe-Schillingsfürst', *Die deutschen Kanzler. Von Bismarck bis Kohl*, vol. 2, pp. 55–67.

Brophy, J., 'The Rhine Crisis of 1840 and German Nationalism: Chauvinism, Skepticism, and Regional Reception', *The Journal of Modern History*, vol. 85, pp. 1–35.

Rochau, L. (1972). *Grundsätze der Realpolitik: Angewendet auf die staatlichen Zustände Deutschlands.* Frankfurt A.M.: Ullstein.

Röhl, J.C.G. (2014). *Kaiser Wilhelm II, 1859–1941: A Concise Life.* Cambridge: Cambridge University Press.

Schwibbe, M.H. (2008). *Zeit reise: 1200 jahre leben in Berlin.* Berlin: Zeit Reise.

Simms, B. (2014). *Europe: The Struggle for Supremacy, 1453 to the Present.* London: Penguin Books.

Stauff, P. and Ekkehard, E. (1929). *Sigilla veri: [Ph. Stauff's Semi-Kürschner]; Lexikon der Juden, -Genossen und -Gegner aller Zeiten und Zonen, insbesondere Deutschlands, der Lehren, Gebräuche, Kunstgriffe und Statistiken der Juden sowie ihrer Gaunersprache, Trugnamen, Geheimbünde. 3, Hochmann bis Lippold.* Erfurt: Bodung.

Steinberg, J. (2013). *Bismarck: A Life.* Oxford: Oxford University Press.

Stolberg-Wernigerode, O. (1972). *Neue deutsche Biographie. [9]. Neunter Band, Hess-Hüttig.* Berlin: Duncker & Humblot. C.

Stürmer, M. (2000). *The German Empire, 1870–1918.* New York: Modern Library.

Taylor, A.J.P. (1979). *The Course of German History: A Survey of the Development of Germany Since 1815.* New York: Paragon.

Thamer, H.U. (2017). *Der Erste Weltkrieg: Europa zwischen Euphorie und Elend.* Berlin: Palm Verlag.

Ullrich, V. (2014). *Die nervöse Großmacht: 1871–1918; Aufstieg und Untergang des deutschen Kaiserreichs.* Frankfurt A.M.: Fischer.

Ullrich, V. (2015). *Bismarck.* London: Haus Publishing Limited.

Nicolson.

Macmillan, M. (2005). *Peacemakers: The Paris Conference of 1919 and its Attempt to End War*. London: John Murray.

Massie, R.K. (2007). *Dreadnought: Britain, Germany, and the Coming of the Great War*. London: Vintage.

Mitchell, A. (2006). *The Great Train Race: Railways and the Franco-German Rivalry, 1815–1914*. New York: Berghahn Books.

Nonn, C. (2015). *Bismarck: ein Preusse und sein Jahrhundert*. München: C.H. Beck.

Nonn, C. (2017). *Das deutsche Kaiserreich: von der Gründung bis zum Untergang*. München: C.H. Beck.

Palmer, A. (1978). *Bismarck*. Bergisch Gladbach: Bastei-Lübbe.

Pflanze, O. (1997). *Bismarck 1. Der Reichsgründer*. München: C.H. Beck.

Pflanze, O. (2014). *Bismarck and the Development of Germany, vol. II, The Period of Consolidation, 1871–1880*. Princeton, NJ: Princeton University Press.

Prutsch, M.J. (2019). *Caesarism in the Post-Revolutionary Age*. London: Bloomsbury.

Rischbieter, J. (2011). *Mikro-Ökonomie der Globalisierung: Kaffee, Kaufleute und Konsumenten im Kaiserreich 1870–1914*. Köln Etc.: Böhlau, Cop.

Robinson, D.H. (1994). *The Zeppelin in Combat: A History of the German Naval Airship Division, 1912–1918*. Atglen, Pa: Schiffer Military/Aviation History.

Egelhaaf, G. and Bedey, B. (2011). *Theobald von Bethmann Hollweg der fünfte Reichskanzler*. Hamburg: Severus-Verl.

Epkenhans, M., Gerhard Paul Gross and Burkhard Köster (2011). *Preussen: Aufstieg und Fall einer Grossmacht*. Darmstadt: Wissenschaftliche Buchgesellschaft.

Eyck, E. (1968). *Bismarck and the German Empire*. New York: Norton.

Fulbrook, M. (2019). *A Concise History of Germany*. Cambridge, UK; New York, USA: Cambridge University Press.

Hawes, J.M. (2019). *The Shortest History of Germany: From Julius Caesar to Angela Merkel: A Retelling for Our Times*. New York: The Experiment.

Herre, F. and Verlag Kiepenheuer & Witsch (2017). *Kaiser Wilhelm II. Monarch zwischen den Zeiten*. Köln: Kiepenheuer & Witsch.

Kent, G.O. (1978). *Bismarck and His Times*. Carbondale Edwardsville: Southern Illinois University Press.

Kitchen, M. (2012). *A History of Modern Germany, 1800 to the Present*. Chichester, West Sussex, UK: Wiley-Blackwell.

Klußmann, U. and Mohr, J. (2016). *Das Kaiserreich Deutschland unter preußischer Herrschaft: von Bismarck bis Wilhelm II.* München: Goldmann [Hamburg] Spiegel-Buchverlag.

Langer, W.L. (1977). *European Alliances and Alignments, 1871–1890*. Westport, Conn: Greenwood Press.

MacGregor, N. (2017). *Germany: Memories of a Nation*. New York: Vintage Books.

Maclean, R. (2014). *Berlin: City of Imagination*. London: Weidenfeld &

參考書目

書籍

Andrian-Werburg, V. (1843). *Österreich und seine Zukunft*. 3 ed. Hamburg: Hoffmann.

Bajohr, S. (1984). *Die Hälfte der Fabrik: Geschichte der Frauenarbeit in Deutschland 1914 bis 1945*. Marburg: Verlag Arbeiterbewegung U. Gesellschaftswiss.

Bew, J. (2015). *Realpolitik: A History*. Oxford: Oxford University Press.

Bry, G. (1960). *Wages in Germany.* Princeton, NJ: Princeton University Press.

Carr, W. (2010). *A History of Germany, 1815–1990.* London; New York: Bloomsbury Academic.

Charles River Editors (2018). *The Austro-Prussian War and Franco-Prussian War: The History of the Wars that Led to Prussia's Unification of Germany.* Charles River Editors.

Clark, C.M. (2007). *Iron Kingdom: The Rise and Downfall of Prussia, 1600–1947*. Cambridge, Mass.; London: Belknap.

Clark, C.M. (2014). *Kaiser Wilhelm II*. London: Routledge.

八旗人文 31

鐵與血之歌：俾斯麥和威廉二世共舞的德意志帝國興亡曲

Blood and Iron: The Rise and Fall of the German Empire, 1871-1918

作　　者　卡提雅．霍伊爾（Katja Hoyer）
翻　　譯　馮奕達
編　　輯　邱建智
校　　對　魏秋綢
排　　版　張彩梅

行銷總監　蔡慧華
出　　版　八旗文化／遠足文化事業股份有限公司
發　　行　遠足文化事業股份有限公司（讀書共和國出版集團）
地　　址　新北市新店區民權路108-2號9樓
電　　話　02-22181417
傳　　真　02-22188057
客服專線　0800-221029
信　　箱　gusa0601@gmail.com
Facebook　facebook.com/gusapublishing
Blog　gusapublishing.blogspot.com
法律顧問　華洋法律事務所／蘇文生律師

封面設計　蕭旭芳
印　　刷　前進彩藝有限公司
定　　價　420元
初版一刷　2024年2月
ISBN　978-626-7234-81-5（紙本）、978-626-7234-80-8（PDF）、978-626-7234-79-2（EPUB）

國家圖書館出版品預行編目（CIP）資料

鐵與血之歌：俾斯麥和威廉二世共舞的德意志帝國興亡曲／卡提雅．霍伊爾（Katja Hoyer）著；馮奕達譯. -- 初版. -- 新北市：八旗文化, 遠足文化事業股份有限公司, 2024.02
面；　公分. --（八旗人文；31）
譯自：Blood and iron: the rise and fall of the German Empire, 1871-1918
ISBN 978-626-7234-81-5（平裝）

1. CST：德國史　2. CST：帝國主義

743.25　　112022088